1017 14,–

Tumin: Schichtung und Mobilität

Grundfragen der Soziologie
herausgegeben
von Dieter Claessens

Band 5

Melvin M. Tumin

Schichtung und Mobilität

Mit einem Anhang von Armin Tschoepe

Juventa Verlag

Titel der Originalausgabe: »Social Stratification«
Original English language edition published by Prentice Hall, Inc., Englewood Cliffs, New Jersey, U.S.A.
Aus dem Amerikanischen übersetzt von
Dipl.-Soz. Volker Volkholz
Redaktion: Dr. Wolf Lepenies

ISBN 3-7799-0132-3

3. Auflage 1975

Einbandentwurf: Gerhard M. Hotop
Printed in Germany
Herstellung: Karl M. Lipp, München

INHALT

VORWORT DES HERAUSGEBERS

Die Soziologie ist kennzeichnenderweise zu einer Zeit entstanden, in der die bis dahin als selbstverständlich erscheinende eindeutige Zuordnung von Menschen zu bestimmten Positionen und Gesellschaftsgruppen in einem Über-Unterordnungs-Schema angegriffen wurde und sich auch in der Tat bereits zu verwischen begonnen hatte. »Kaste«, »Stand«, »Klasse« sind Begriffe der Vergangenheit, die man aber wegen ihrer Eindeutigkeit auch heute noch in der Soziologie der entwickelten Industriegesellschaften als Instrumente gerne benutzen würde. Ohne weiteres stehen sie der wissenschaftlichen Analyse aber nicht mehr zur Verfügung.

Als Ersatz ist der »Schicht«-Begriff eingeführt worden. Es ist heute nicht einfach, zu entscheiden, ob dieser Begriff geprägt wurde, um in einer säkularisierten und aufgrund des industriellen Produktionsniveaus vor größter Armut bewahrten Gesellschaft Mobilitätsphänomene – sozialen Auf- und Abstieg und »horizontale Mobilität – in wissenschaftlicher Absicht messen zu können, ob er dem Differenzierungs-Bedürfnis, in einer offenbar noch ein »Oben« und ein »Unten« aufweisenden Gesellschaft Genüge tun sollte oder ob er *rein* ideologischen Ursprungs war: ein Instrument zur Verdeckung effektiv noch vorhandener Klassenunterschiede.

Die Beantwortung dieser Frage wird besonders dadurch erschwert, daß sich Menschen – vermittels komplizierter seelischer Mechanismen – relativ leicht mit derjenigen Position zufriedengeben, die sie nun einmal erworben haben, und daß sie sich sogar eine untergeordnete, selbst verachtete Bewertung dieser ihrer Position aneignen. Einerseits erleichtern sie damit dem naiven Empiriker, über die bloße Einkommensdifferenzierung hinaus, die Feststellung von »Schichten«, andererseits verschleiert eine solche Haltung jene Mechanismen, die Ungleichheit produzieren und reproduzieren.

Tumin wendet sich der Fülle der auftretenden methodologischen inhaltlichen, ideologischen und theoretischen Fragen distanziert zu und schafft Übersicht, ohne zu verhehlen, daß es sich um eine der kompliziertesten Fragen der theoretischen und empirischen Soziologie und Sozialpsychologie handelt. Unmittelbar an Tumin schließt sich der vom Herausgeber verfaßte Band 6 der Reihe »Grundfragen der Soziologie«, »Rolle und Macht«, an.

Im Anhang gibt Dipl.-Soz. Armin Tschoepe einen Überblick der sozialen Schichtung in der Bundesrepublik Deutschland. Die dort genannte Literatur kann zusammen mit den von Tumin erwähnten Arbeiten als Einführung in die Problematik einer Soziologie der Schichtung dienen.

D. Claessens

VORWORT DES VERFASSERS

Die Tatsache, daß soziale Ungleichheit überall gefunden werden kann, legt den Gedanken nahe, es gäbe universale Muster in sozialen Strukturen, die Ungleichheit hervorbringen. Die entsprechende Tatsache, daß Ungleichheiten in Form, Funktion und Ausmaß von einer Gesellschaft zur anderen stark variieren, zeigt an, daß diese Muster nicht einheitlich sind und daß es nützlich ist, sich vorzustellen, menschliche Gesellschaften könnten auf einem Kontinuum, das von totaler Gleichheit bis zu totaler Ungleichheit reicht, eingeordnet werden. In dieser Lage ist der Sozialwissenschaftler verpflichtet, die Bedingungen, unter denen verschiedene Formen und verschiedene Ausmaße von sozialer Ungleichheit entstehen und erhalten bleiben, und ihre Konsequenzen für die betreffende Gesellschaft zu untersuchen. Dieses Buch versucht einen Beitrag zu dieser Aufgabe zu leisten.

Allerdings war es mir unmöglich, eine solche Untersuchung systematisch voranzutreiben, ohne zuvor eine Anzahl leitender Begriffe wie »Bewertung« und »Belohnung« zu zerlegen, um zu sehen, welche Elemente unter diesen Oberbegriffen – vielleicht unklugerweise – zusammengefaßt worden sind, und um zu prüfen, zu welchen theoretischen Ergebnissen man bei einer gesonderten Betrachtung der einzelnen Elemente gelangt. Auch war es mir unmöglich, den verschiedenen Formen von Schichtung Rechnung zu tragen, ohne zuvor das traditionelle Konzept herauszuarbeiten, das Schichtung als Ergebnis der Verbindung von Differenzierung und Bewertung ansieht. Tatsächlich können mindestens vier Hauptprozesse in jedem Schichtungssystem aufgezeigt werden – Differenzierung, Rangordnung, Bewertung und Belohnung –, und diese müssen als einzelne Prozesse behandelt werden, wenn man die unterschiedlichen und oftmals offensichtlich unregelmäßigen Muster verschiedener konkreter Gesellschaften verstehen will.
Wird das Phänomen Ungleichheit in dieser Weise neu durchdacht und in seiner vollen Komplexität gesehen, so kann eine Anzahl von zuvor verwirrend erscheinenden Untersuchungsergebnissen – z. B. die Unterschiedlichkeit der Untersuchungen zur Statuskristallisation – adäquater behandelt werden. Aus Raumgründen war es nicht möglich, diese neue Richtung der Theorie und der Untersuchungen ausführlich genug zu entwickeln. Aber

ich habe versucht zu zeigen, in welche Richtung zukünftige Theorie und Forschung gehen sollten.
Ebenso war es aus Raumgründen nicht möglich, die Fülle an Untersuchungsmaterial in mehr als oberflächlicher und nur illustrativer Weise zu behandeln. Gleichzeitig aber wurde das historische und zeitgenössische vergleichende Material bei der Entwicklung von Konzepten und Verallgemeinerungen immer im Auge behalten. Obwohl ein großer Teil des Belegmaterials von Untersuchungen über die amerikanische Gesellschaft stammt, war die Brauchbarkeit der Verallgemeinerungen für alle bekannten Gesellschaften der vordringlichste Gesichtspunkt.
Als Sozialwissenschaftler sind wir um größtmögliche Wertneutralität und Objektivität unserer Arbeiten bemüht. Meine persönliche Einstellung zu Fragen politischer und moralischer Voraussetzungen sozialer Ungleichheit sind genügend bekannt. Ich hoffe, daß diese persönlichen Verpflichtungen mich nicht unbeabsichtigt zu weit von dem Kanon wissenschaftlicher Verfahrensweisen weggeführt haben.

Melvin M. Tumin

1. Kapitel

Problemgeschichtliche Entwicklung

Probleme ökonomischer, sozialer und politischer Ungleichheit sind seit dem Altertum von Philosophen intensiv behandelt worden. Man dachte über die Natürlichkeit, Dauer und Unvermeidbarkeit von Ungleichheit nach und fragte darüber hinaus, ob diese Formen der Ungleichheit aus irgendeinem gesellschaftlichen Zweck zu rechtfertigen seien. Für Sozialwissenschaftler, die sich mit Problemen sozialer Schichtung befassen, sind dies noch heute entscheidend wichtige Fragen. Daher mag es sinnvoll sein, kurz zusammenzufassen, was Denker über die Jahrhunderte hinweg zu diesen und verwandten Problemen zu sagen hatten.[1]

Von Plato zu Marx

Für Plato sollte eine neue Gesellschaft nicht nur Gerechtigkeit verwirklichen, sondern auch soziale Stabilität und innere Ordnung garantieren. Diese Strukturprinzipien begründeten seine Vorstellungen von einer Gesellschaft, in der Philosophenkönige herrschen sollten. Sie ist ausdrücklich in Klassen gegliedert, so daß jeder Bürger entweder der Klasse der Wächter, der Gehilfen oder der Handwerker angehört. Jeder dieser Klassen wurden verschiedene und eindeutig definierte Aufgaben zugeschrieben. Plato ging davon aus, daß diejenigen, die zur Herrschaft – der Aufgabe der Wächterschicht – am besten geeignet seien, von Eltern aus den beiden anderen Schichten geboren werden sollten. Konsequent schloß er daher jede Vererbung von Schichtpositionen aus und sorgte – in seinem Gesellschaftsmodell – für eine vollständige Chancengleichheit aller Kinder unabhängig von ihrer Geburt. Jedes Kind sollte gleiche Entfaltungschancen für seine natürlichen Anlagen haben und so für seinen angemessenen Platz in der Gesellschaft ausgebildet werden. Falls ein solcher Auswahl- und Ausbildungsprozeß reibungslos organisiert werden kann, ist es nach Plato gerechtfertigt, den Wächtern die absolute Macht zu überantworten. Da er an die Korruptionsmöglichkeiten im Rahmen von Familienbindungen dachte, schlug Plato die Abschaffung der Familie innerhalb der Wächtergruppe vor und bestand darauf, daß ihre Mitglieder

»keinerlei privates Eigentum außer dem allernötigsten besäßen«. Hierdurch würden sie der Versuchung, eine auf Eigentumsinteressen gestützte Politik zu verfolgen, widerstehen und statt dessen in der Lage sein, sich ausschließlich dem Gemeinwohl zu widmen.

Offensichtlich schwebte Plato eine stark geschichtete Gesellschaft vor, in der jedoch völlige Gleichheitschancen, vollständige Abschaffung des Privateigentums und ausschließliches Interesse am Gemeinwohl die charakteristischen Kennzeichen der herrschenden Klasse sind.

In der Ideengeschichte der sozialen Ungleichheit ist die »Politik« von Aristoteles kein weniger wichtiges Dokument. Dort heißt es:

»Nun gibt es in allen Staaten drei Gruppierungen: Eine Schicht ist sehr reich, eine weitere sehr arm und eine dritte befindet sich in der Mitte. Zugegebenermaßen sind Mäßigung und Mittelmaß am besten, und deshalb ist es selbstverständlich am sinnvollsten, Gaben der Mäßigung zu besitzen; denn bei diesen Lebensbedingungen sind die Menschen fast immer bereit, vernünftigen Gedanken zu folgen. Derjenige dagegen, der an Schönheit, Stärke, Geburt oder Wohlstand deutlich hervorsticht, oder auf der anderen Seite, wer sehr arm oder sehr schwach ist oder sehr in Schande lebt, der wird es schwerfinden, vernünftigen Gedanken zu folgen. Von diesen beiden Gruppen wird die eine zu gewalttätigen und großen Verbrechern, die andere dagegen zu Spitzbuben und unbedeutenden Halunken.«[2]

Aristoteles untersuchte sehr präzise die Frage, welche Folgen sich aus einer aufgrund von Geburt, Stärke und Reichtum entstehenden Ungleichheit für die Erhaltung einer gemäßigten Regierung und die Schaffung einer einsichtigen, in ihren Ansprüchen zurückhaltenden Bevölkerung ergeben. Moderne Untersuchungen, welche die Beziehung von sozialen Schichten und politischen Einstellungen zum Gegenstand haben, wie z. B. Analysen des Wahlverhaltens verschiedener Schichten, befassen sich mit ähnlichen Problemen.

Auch Thomas von Aquin und Augustinus beschäftigten sich mit einer angemessenen Plazierung der Menschen in der hierarchischen Ordnung. Außerdem versuchten sie zu verstehen, warum die menschliche Gesellschaft *überall* durch solch ausgeprägte und scharfe Macht-, Eigentums- und Prestigestufungen gekennzeichnet ist. In seinem Buch »Der Gottesstaat« schrieb Augustinus über die Elenden und Armen:

»Insoweit sie verdientermaßen und gerechterweise arm sind, sind sie durch ihr Elend mit einer Ordnung verbunden. Sie wären noch bejammernswerter, wenn sie nicht jenen Frieden hätten, der dadurch entsteht, daß man sich in Harmonie mit der natürlichen Ordnung der Dinge befindet.«[3]

Fast 2000 Jahre trennen Aristoteles und Machiavelli; doch die Probleme, die von Aristoteles aufgeworfen wurden, blieben für das Denken des italienischen Renaissance-Genius von zentraler Bedeutung. Machiavelli fragte, *wer* zu Herrschaft geeignet sei und welche Herrschaftsform Ordnung, Glück, Wohlstand und Stabilität garantiere. Die Spannung zwischen der Elite und den Massen hielt er für das beständige Strukturmerkmal einer organisierten Gesellschaft. In der Elite ist diese Spannung von Furcht vor den Massen begleitet, in den Massen von Neid und Furcht vor der Tyrannei.
Doch sah Machiavelli in der demokratischen Herrschaft eine größere Tugend als viele Philosophen vor ihm, denn er glaubte, daß kollektive Entscheidungen des Volkes wahrscheinlich eine größere Weisheit offenbaren als die Entscheidungen der Fürsten. In den »Discorsi« schrieb er:

»Bezüglich der Fähigkeit eines Volkes, Dinge zu beurteilen, kommt es höchst selten vor, daß dieses, wenn es zwei Redner gleichen Talents hört, die für verschiedene Maßnahmen plädieren, nicht zugunsten des besseren der beiden entscheidet; was des Volkes Fähigkeit beweist, die Wahrheit aus dem Gehörten zu erkennen. Und wenn es mitunter in Angelegenheiten, die Fragen des Mutes oder anscheinender Nützlichkeit betreffen, fehlgeleitet wird, so wird ein Fürst dies durch seine eigenen Leidenschaften, die viel größer als die des Volkes sind, noch häufiger.«[4]

Machiavelli hatte jedoch auch zahlreiche Zweifel an der Rationalität der Massen; er war vielmehr der Meinung, das Volk neige zu emotionalem Verhalten. Daher sei eine lange Übung in der Volksherrschaft nötig. Die Besetzung der maßgebenden Positionen sei dann am wirkungsvollsten, wenn diejenigen, die für solche Positionen von Natur aus am besten geeignet sind, gleiche Chancen haben, entdeckt, eingestellt und ausgebildet zu werden. Hier kündigt sich bei Machiavelli die Vorstellung einer »offenen Gesellschaft« an, die heutzutage allgemein befürwortet wird. In einer solchen Gesellschaft ist ein *Zustand* faktischer Ungleichheit dann legitim und wünschenswert, wenn es eine *Gleichheit der Chancen* gibt, ungleich zu werden. Ohne solche Chancengleichheit geht der größte Teil der in jeder Gesellschaft vorhandenen Begabungen verloren.

Mit Thomas Hobbes betritt eine ganz neue Auffassung vom Menschen die Bühne der politischen Diskussion. Stärker als beinahe jeder seiner Vorgänger war Hobbes davon überzeugt, daß alle Menschen grundsätzlich gleich seien. Demzufolge hat nach Hobbes Gleichheit an die Stelle von ungleicher Macht und Privilegierung zu treten. Hobbes meinte, alle Menschen seien gleichermaßen am Erwerb von Macht und Privilegien interessiert und ebenso unersättlich in ihrem Verlangen nach den guten Dingen des Lebens. Das gleichzeitige Streben der Menschen nach Macht und Privilegien muß daher mit Sicherheit zu einem chaotischen Zustand führen, solange es keine anerkannte Übereinkunft zur Mäßigung gibt. Bei einer solchen Übereinkunft wird ein Gesellschaftsvertrag geschlossen, in dem das Volk einmütig und freiwillig sein Recht zu herrschen einem Menschen überträgt, der den kollektiven Willen des Volkes und seine Wünsche verkörpert. Umgekehrt wird der Souverän in der Wahrnehmung seiner Aufgabe durch ein System aus dem Naturrecht abgeleiteter Gesetze und selbstverständlich auch durch den Konsensus der Regierten eingeschränkt. Weigert sich eine Minderheit, in einen solchen Vertrag mit dem Souverän einzuwilligen, so ist sie – nach Hobbes – dennoch durch den Willen der Mehrheit an ihn gebunden.

In dieser »idealen« Gesellschaft ist die Privilegierung von Schichten nicht erlaubt, da durch sie die vom Souverän garantierte Gleichheit des Gesetzes korrumpiert wird. Ist der Souverän nicht in der Lage, die Sicherheit aller gleichermaßen zu garantieren, so kann er abgesetzt werden.

Spätere Sozialphilosophen, wie die Engländer Locke, Burke und Bentham, der Franzose Rousseau und der Deutsche Hegel, waren sich darüber im klaren, daß die Entstehung von Klassen und Schichten aufgrund natürlicher oder erworbener Unterschiede oder infolge einer Kombination von beiden schwerwiegende Probleme schaffen kann. Jeder dieser Philosophen hatte seine eigene Vorstellung von der Herrschaftsstruktur, die solchen Schwierigkeiten am wirksamsten begegnen kann.

Zu Beginn des 19. Jahrhunderts begannen bürgerliche Revolutionen. Überall in Europa zerbröckelte die alte Ordnung aristokratischer Herrschaft, und die gerade gegründete amerikanische Republik zeigte eine unerwartete Wachstums- und Entwicklungskapazität. Naturrechtliche Ansprüche der Oligarchien wurden überall konfrontiert mit Theorien vom Naturrecht aller Menschen auf einen gleichen Anteil an allen Gütern. Darüber hinaus vollzog sich die Industrialisierung Westeuropas mit zunehmender Schnelligkeit. Damit entstanden Reichtums- und Herrschaftsklassen, die den heutigen ähneln.

*Karl Marx**

In der Geschichte der Gesellschaftsphilosophie hat Karl Marx den Kampf zwischen konfligierenden sozialen und ökonomischen Klassen, der das zentrale Strukturprinzip einer Gesellschaft bildet, als außerordentlich wichtige Quelle sozialen Wandels am stärksten betont. Keine andere Gesellschaftstheorie hat die gegenwärtige Soziologie nachhaltiger beeinflußt.
»Die Geschichte aller bisherigen Gesellschaften«, erklärte Marx mit großem Nachdruck zu Beginn des berühmten »Kommunistischen Manifestes«, »ist die Geschichte von Klassenkämpfen.«

Wie entstehen Klassen? Nach Marx entwickeln sich Klassen auf der Grundlage verschiedener Positionen oder Rollen, welche die Positionsinhaber im Produktionsprozeß einer Gesellschaft innehaben. Die Produktionsformen wie Landwirtschaft, Handwerk oder Industrie sowie die Produktionsbeziehungen, also die Haupt-Statusebenen im Unternehmen, sind für Marx die Ansatzpunkte seiner Theorie. In einer vom Ackerbau lebenden Gesellschaft sind die wichtigsten Positionen Landbesitzer und Leibeigene oder Pächter und Sklaven, in einer Handwerkswirtschaft Zunftmeister und Lehrling oder Unternehmer und Heimarbeiter, in einer industriellen Gesellschaft dagegen stehen die kapitalistischen Eigentümer von Fabriken den nichtbesitzenden Arbeitern feindlich gegenüber.
In diesen Beziehungen ist der Ausdruck »versus« oder »gegen« ein entscheidender Begriff. Nach Marx haben Menschen, die sich in ungleichen Beziehungen zur Verfügungsgewalt über Produktionsmittel befinden, entgegengesetzte Interessen. In einer bürgerlich kapitalistischen Gesellschaft verfolgen die Fabrikbesitzer die Strategie der Gewinnmaximierung. Daher streben sie danach, von dem durch die Arbeiter geschaffenen Mehrwert zu profitieren. Natürlich wird diese »Ausbeutung« vom Arbeiter verurteilt. Die kapitalistische Klasse ist jedoch wegen ihrer ökono-

* Vgl. zu dieser Darstellung auch Band 13 der Reihe »Grundfragen der Soziologie«: Neil J. *Smelser*, Soziologie der Wirtschaft, München 1968, S. 19 f. (A. d. H.)

mischen Macht in der Lage, den Staat zu kontrollieren. Die Macht des Staates wird wiederum dazu verwandt, jede wirkungsvolle Äußerung der Unzufriedenheit von seiten der Arbeiter zu unterdrücken.

Die kapitalistischen Eigentümer erreichen eine noch größere Kontrolle über die Wirtschaft und ihre Produkte, wenn die Arbeiter zersplittert und unorganisiert oder wenn sie sich der Ursachen ihrer unmenschlichen Situation nicht bewußt sind, so daß sie keine aktiven Anstrengungen unternehmen, um diese Ursachen ihres Elends zu beseitigen.

Ein zentraler Gedanke von Marx ist, daß die Arbeiter eine Klasse bilden, ohne sich dessen notwendigerweise bewußt zu sein oder ohne notwendigerweise aufgrund ihrer gemeinsamen Klassenzugehörigkeit immer auch kollektiv zu handeln. Sie sind jedoch nach Marx aus zwei *objektiven* Gründen eine Klasse: erstens wegen ihrer gemeinsamen ökonomischen Lage gegenüber den Produktionsverhältnissen und zweitens aufgrund ihrer relativ einheitlichen Machtlosigkeit gegenüber der Staatsmacht, die zu ihrer Unterdrückung eingesetzt wird. Die Vorstellung einer *objektiv bestehenden Klasse* unterscheidet den marxistischen Klassen- und Schichtungsansatz von vielen gegenwärtigen Theorien. Ein weiteres Unterscheidungsmerkmal besteht in der Wichtigkeit des ökonomischen Faktors, d. h. der Strukturierung und Determinierung der gesamten sozialen Situation durch die Produktionsverhältnisse. Obwohl Marx den Einfluß von politischer Macht und Lebensstil anerkennt, besteht er darauf, daß das Eigentum die zentrale Determinante oder *Basis* ist. Staatliche Macht, Kultur, Formen des Familienlebens, Erziehungsprozesse und andere Faktoren werden dagegen dem *Überbau* zugeschrieben, der oft die zunächst durch die Eigentumsverhältnisse erzeugten Unterschiede verstärkt.

Drei weitere Begriffe sind für den marxistischen Schichtungsansatz von Bedeutung: Klassenbewußtsein, Klassensolidarität und Klassenkonflikt.

Klassenbewußtsein bezieht sich auf die bewußte Kenntnis einer Klasse – z. B. der Arbeiter – von ihrer Rolle im Produktionsprozeß und ihren Beziehungen zur besitzenden Klasse. Bewußtsein beinhaltet außerdem Kenntnisse über das Maß der Ausbeutung der arbeitenden Klasse durch die besitzende Klasse. Diese Ausbeutung entsteht dadurch, daß – wie gesagt – den Arbeitern der angemessene Teil des von ihnen geschaffenen Mehrwertes vorenthalten wird. Ein ausgebildetes Klassenbewußtsein ist erreicht, wenn die arbeitende Klasse begriffen hat, daß sie nur durch eine kollektive Aktion mit dem Ziel, die kapitalistischen Eigentümer zu stürzen, hoffen kann, ihren rechtmäßigen Anteil zu erhalten.

Klassensolidarität bezeichnet das Ausmaß gemeinsamer Aktion der Arbeiter zur Erreichung wirtschaftlicher und politischer Ziele.

*Klassenkonflikt** hat zwei Aspekte: erstens den unbewußten Kampf zwischen Arbeitern und Kapitalisten um Anteile am Produktionsausstoß zu einem Zeitpunkt, an dem das Klassenbewußtsein nicht sonderlich entwickelt ist, und zweitens den bewußten und überlegten Kampf zwischen beiden Klassen, der stattfindet, wenn die Arbeiter sich ihrer historischen Aufgabe bewußt werden und zur Verbesserung ihrer Lage kollektiv zu handeln beginnen, um schließlich die Kontrolle über die Produktionsmittel zu übernehmen.

Für Marx galt es als gesichert, daß die Arbeiter unter »geeigneten« Umständen – wenn sie weder resignierten noch sich durch religiöse Versprechungen eines Lebens im Überfluß nach dem Tode betrügen ließen – ein Bewußtsein ihrer Lage entwickeln und zu ihrer Veränderung kollektiv handeln würden. Da Marx aber erkannte, daß die Arbeiter häufig das erforderliche Bewußtsein nicht erreichen, entwickelte er den Begriff des »falschen Bewußtseins«. »Falsches Bewußtsein« verleitet die Arbeiter, ihre »Mission«, den Kapitalismus zu stürzen, nicht zu erfüllen. Jede Form der Anpassung und Hinnahme des Kapitalismus seitens der Arbeiter nannte Marx »falsches Bewußtsein«.

*Max Weber***

In den meisten modernen soziologischen Untersuchungen und Publikationen über soziale Schichtung werden einige Aspekte marxistischer Herkunft kombiniert mit einigen Gedanken Max Webers, des hervorragenden deutschen Sozialhistorikers, Ökonomen und Soziologen, dessen Schaffensperiode vor allem im ersten Viertel des 20. Jahrhunderts lag.

Weber akzeptierte einige zentrale Merkmale marxistischer Theorie (und zwar sehr viel substantieller, als Wissenschaftler,

* Tumin verwendet hier den Begriff »Klassenkonflikt« (class conflict), obwohl Klassenkampf angemessen wäre. (A. d. H.)

** Vgl. dazu wieder das erwähnte Buch von *Smelser*, S. 33 f. (A. d. H.)

die sich mit sozialer Schichtung befaßt haben, wahrgenommen haben), insbesondere die wichtige Bedeutung ökonomischer Schichtungsfaktoren. Für Weber wie für Marx galt die Kontrolle über Eigentum als ein zentrales Faktum zur Bestimmung der Lebensbedingungen eines einzelnen oder einer Klasse. Im Gegensatz zu Marx fügte Weber jedoch zur wirtschaftlichen Schichtungsdimension zwei weitere hinzu: *Macht* und *Prestige*. Weber hielt Eigentum, Macht und Prestige für drei gesonderte, aber zusammenhängende Grundlagen für die Bildung von Hierarchien in jeder Gesellschaft. Eigentumsunterschiede lassen *Klassen*, Machtunterschiede lassen *politische Parteien* und Prestigedifferenzierungen lassen *Statusgruppen* und *Schichten* entstehen.

Darüber hinaus unterschieden Marx und Weber sich in der Beantwortung der Frage, mit welcher Wahrscheinlichkeit Mitglieder derselben ökonomischen Klasse ein »Kollektiv« bilden – eine Gruppe von Personen also, die durch gemeinsame Ziele, die sie durch vereinte Anstrengungen zu erreichen suchen, geeint ist. Ferner schätzten Weber und Marx die Wahrscheinlichkeit, daß die Arbeiter ein »wahres« Klassenbewußtsein entwickeln und sich zum gemeinsamen Klassenkampf gegen das System, das sie ausbeutet, formieren, unterschiedlich ein. Nach Webers Ansicht wird dieser Klassenkampf stattfinden, wenn die Arbeiter den Gegensatz der Lebensbedingungen *nicht* als unvermeidlich akzeptieren, sondern diesen Gegensatz als ein Ergebnis der Eigentumsverteilung und der ökonomischen Struktur der Gesellschaft ansehen.

Weber erkannte, daß Klassen auf viele Arten kollektiv handeln können und daß nur wenige versuchen, die grundlegenden Strukturmerkmale des herrschenden Eigentumssystems zu verändern. Bei Marx findet sich die gleiche Erkenntnis, wenn er davon spricht, daß Arbeiter mit einem falschen Bewußtsein derart handeln, daß sie das Ziel – den Sturz des bestehenden Systems der Eigentumsverhältnisse – nicht erreichen.

Nach modernen Maßstäben ist Weber insofern der anspruchsvollere Soziologe, als er die notwendigen Bedingungen für die Bildung von Kollektiven erkannt hat. Explizit stellte er fest, daß im Gegensatz zu Statusgruppen ökonomische Klassen normalerweise keine Gruppe begründen, die sich ihrer eigenen Situation bewußt wird. Statusgruppen bilden sich auf der Grundlage eines gemeinsamen Bestandes von Prestige oder Ansehen, der von der Gesellschaft zugeschrieben wird. Eigentumsunterschiede können zwar die Grundlage für Unterschiede in Prestige und Ansehen sein, jedoch sind andere Faktoren von gleicher, wenn nicht größerer Bedeutung. Nach Weber steht Status gewöhnlich in scharfem Gegensatz zu Eigentumsansprüchen. Sowohl Besitzende wie Besitzlose können, und das ist oft der Fall, zur gleichen Statusgruppe gehören.

Während *Eigentumsunterschiede* zu unterschiedlichen *Lebensbedingungen* führen, wirken nach Weber *Statusunterschiede* sich in aller Regel in unterschiedlichen *Lebensstilen* aus. Solche unterschiedlichen Lebensstile sind ein wichtiges Kennzeichen der sozialen Exklusivität verschiedener Statusgruppen. Diese Statusgruppen erwerben – so Weber – Ansehen vor allem durch Usurpation: Sie beanspruchen gewisse Belohnungen und erhalten diese auch durch ihr Auftreten, einen bestimmten Verhaltensstil sowie gewisse gesellschaftlich exklusive Tätigkeiten. Zwar werden in modernen Gesellschaften Statusgruppen gewöhnlich durch keinerlei legale Basis gestützt; entsprechende Gesetzesprivilegien lassen jedoch nicht lange auf sich warten, wenn es den Statusgruppen erst gelungen ist, ihre Positionen durch die Sicherung besonderer wirtschaftlicher Macht zu stabilisieren. Im Einverständnis mit Marx bejahte Weber die grundsätzliche Bedeutung von Eigentumsunterschieden für die Bildung von Statusgruppen sowie für die endgültige Verhärtung ihrer Gegensätze und Sicherung ihrer Privilegien; im Gegensatz zu Marx schrieb Weber jedoch den Statusgruppen eine größere Bedeutung zu. Außerdem war er skeptisch in der Beurteilung der Chancen für die Mitglieder einer ökonomischen Klasse, sich zu einem bewußten Kollektiv mit einem gemeinsamen Bedürfnis nach abgestimmter Aktion gegen das System als solches zu entwickeln.

Die dritte Form der Vereinigung, der Weber besondere Bedeutung zumaß, ist die Partei. Obwohl ökonomische Klassen, Statusgruppen und politische Parteien sämtlich »Phänomene der Verteilung von Macht innerhalb einer Gesellschaft« sind, unterscheiden sich – nach Weber – Parteien von Klassen und Statusgruppen in mehreren Hinsichten. Während für Klassen das wirtschaftliche Element, für Statusgruppen das Ansehen entscheidend ist, gilt für Parteien das »Machtgehäuse«, in dem sie »leben«. Parteien »sind daher auch möglich nur innerhalb von Gemeinschaften, welche ihrerseits irgendwie vergesellschaftet sind, also irgendwelche rationale Ordnung und einen Apparat von Personen besitzen, welche sich zu deren Durchführung bereithalten. Denn eben diesen Apparat zu beeinflussen und womöglich aus Parteianhängern zusammenzusetzen, ist Ziel der Parteien.«[5]

»Parteien ... können im Einzelfall durch ›Klassenlage‹ oder ›ständische Lage‹ bedingte Interessen vertreten und ihre Anhängerschaft entsprechend rekrutieren. Aber sie brauchen weder reine ›Klassen‹ – noch rein ›ständische‹ Parteien zu sein und sind es meist nur zum Teil, oft gar nicht.«[6]

Zusammengefaßt liefert Webers Ansatz eine Sicht der Gesellschaft, die drei Arten von sozialen Aggregaten umfaßt. Diese unterscheiden sich nicht nur im Grad der ihnen selbst bewußten Einheit und der Gemeinsamkeit ihrer Absichten, sondern auch in dem jeweils besonderen Aspekt von Belohnungen oder Ressourcen, an dem sie vorrangig interessiert sind. So sind Klassen an der Wirtschaft, Statusgruppen am Ansehen und Parteien an der Macht orientiert. Überlappende Mitgliedschaften kommen häufig vor. Manchmal ist jedoch die wirtschaftliche Klasse im Grunde mit der Statusgruppe und der Partei identisch. Doch ist dies nur eine von vielen Möglichkeiten.
Wir haben über die zentralen Gedanken bei Marx und Weber deshalb so ausführlich gesprochen, weil eigentlich jeder moderne Soziologe, der sich mit sozialer Schichtung befaßt, in seiner eigenen Orientierung irgendeine Kombination der Ansätze dieser beiden einflußreichen Denker repräsentiert.

Neuere amerikanische Forschungen

Der Einfluß von Marx und Weber auf das Denken und Schreiben einiger der besonders bekannten amerikanischen Schichtungssoziologen ist leicht nachzuweisen. Von den ersten Forschern auf diesem Gebiet ist vielleicht Robert Lynd der bekannteste. Die 1930 von Lynd veröffentlichte Studie »Middletown« ist das erste größere Werk in der amerikanischen Soziologie, in dem der Einfluß wirtschaftlicher Macht auf die politischen, sozialen, religiösen und erzieherischen Institutionen einer »typisch« amerikanischen Stadt analysiert wurde. In diesem Ansatz von Lynd finden sich ausgiebige Kombinationen der Gedanken von Marx und Weber.
Ein weiterer bekannter amerikanischer Schichtungssoziologe ist W. Lloyd Warner: Seine »Yankee-City«-Untersuchungen zur Sozialstruktur und Situation einer nordöstlichen Stadt der

USA haben die empirische Schichtungsforschung in der amerikanischen Soziologie erheblich gefördert. In der Betonung von Ansehen und Statusgruppen als Schlüsselbegriffen folgt Warner dem Ansatz Webers. Mit diesem Ansatz versucht Warner, auf der Grundlage realer oder angenommener Ranggleichheit die Art und Weise, in der die verschiedenen Teile einer Gemeinde miteinander verbunden sind, zu analysieren. Er und seine Mitarbeiter haben mit großem Arbeitseinsatz versucht, folgende Fragen zu beantworten: Wie beurteilen Amerikaner unterschiedlicher sozialer und wirtschaftlicher Herkunft einander; nach welchen Gesichtspunkten stufen sie sich gegenseitig ein; nach welchen Kriterien nehmen sie miteinander Kontakt auf oder distanzieren sich voneinander?

Für die Betonung von Reputation und Prestige in amerikanischen Schichtungsuntersuchungen ist vor allem Warner verantwortlich. Er bemühte sich um die Entwicklung eines Standardindexes von Statusmerkmalen, der Kriterien wie Erziehung, Wohnung, Einkommen und familiären Hintergrund enthält. Warner war der Ansicht, daß die Amerikaner in der Beurteilung gegenseitiger sozialer Wertschätzung, in der Wahl ihrer Freunde und der Bestimmung von Spielgefährten für ihre Kinder sich an diesen Kriterien orientieren.

Im scharfen Gegensatz zu Marx bestand Warner auf diesen »subjektiven« Schichtungskriterien. Die Frage, wie Bürger einer Stadt ihre Lage beurteilen, hielt er für wichtiger als die sogenannten objektiven Unterschiede zwischen ihnen, wie z. B. Einkommen und Berufsposition. Dieses Vertrauen in eher subjektive als objektive Faktoren erinnert an Max Webers Ansicht, daß Statusgruppen weder begrifflich noch faktisch mit ökonomischen Klassen identisch sind.

Warner hat zur Verbreitung von Forschungsmethoden beigetragen, in deren Entwicklung er Pionierarbeit leistete. In theoretischer Hinsicht entwickelte er vor allem eine Sicht der amerikanischen Gesellschaft, die diese als geschichtet begreift. Dabei bestehen die einzelnen Schichten aus Personen, die die gleiche Prestigestufe miteinander teilen. In der Annahme, daß Schichten durch Prestigeschätzungen gebildet werden, postulierte Warner gegenüber dem gebräuchlicheren Zwei- oder Drei-Schichten-Modell für Amerika eine sechs-schichtige Struktur. So finden wir in der typischen Warner-Studie folgende sechs Schichten: obere Ober-, untere Oberschicht, obere Mittel-, untere Mittelschicht, obere Unter-, untere Unterschicht.

Neben Lynd und Warner hat C. Wright Mills amerikanische Untersuchungen zur sozialen Schichtung stark beeinflußt. In seinem Buch »The Power Elite« argumentierte Mills, daß bei der Analyse sozialer Beziehungen *Macht* als zentrale Kategorie zu gelten habe.* Zumindest in Amerika sei dabei wirksame Macht aus vorteilhaften ökonomischen Positionen ableitbar. Mills versicherte, daß sich die wirtschaftliche und die militärische Elite (das militärische Oberkommando) zu einer Machtelite verbinden, die sich selbst als privilegierte Gruppe betrachtet. Dieser Gruppe gelten die eigenen Interessen als vorrangig und verschieden von den Interessen derer, die nicht zur Elite gehören. Die amerikanische Sozial-, Wirtschafts- und Außenpolitik spiegelt – so Mills – tendenziell die gemeinsamen Entscheidungen dieser drei Eliten wieder. Diese Gruppen bilden verschiedene Koalitionen mit einem wechselnden Einfluß der einzelnen Gruppen, der von der jeweils zur Diskussion stehenden Frage abhängt.
Hier muß daran erinnert werden, daß die enge Verbindung von wirtschaftlicher und politischer Macht sowohl von Marx als auch von Weber nachgewiesen und von Lynd in einer bestimmten Gemeinde analysiert wurde. Mit den Untersuchungen von Mills führte dies zu einem Schichtungsansatz, der oft im scharfen Gegensatz zu dem »Wertschätzungsansatz« steht, der von den Anhängern Warners bevorzugt wurde. Heute verläßt sich jedoch kein Schichtungssoziologe allein auf objektive Kriterien wie Einkommen und Erziehung oder auf subjektive Kriterien wie zugeschriebenes Ansehen und Prestige. In den meisten empirischen Untersuchungen werden Indizes objektiver und subjektiver Dimensionen kombiniert. Es gibt keine Übereinstimmung unter den amerikanischen Soziologen darüber, ob soziale Klassen oder Schichten im strengen Sinn aus wirtschaftlichen Interessengruppen, politischen Interessengruppen oder aus Statusgruppen bestehen.
Zwei Probleme sind in der Analyse des amerikanischen Schichtungssystems von vorrangiger Wichtigkeit geworden. Zum einen ist strittig, ob man in Amerika eigentlich sinnvollerweise von sozialen Klassen sprechen kann oder ob es nicht zweckmäßiger ist, Amerikaner als Handelnde zu begreifen, die in und durch Gruppen und Lobbies, wie z. B. Gewerkschaften, Handwerksvereinigungen, Verbraucherorganisationen, Erziehungsorganisationen, Kirchen usw., spezielle Interessen vertreten. Zum ande-

* Dt.: Die amerikanische Elite. Gesellschaft und Macht in den Vereinigten Staaten, Hamburg 1962 (A. d. H.)

ren – und das ist die wichtigere Frage – besteht keine Einigkeit darüber, ob Amerika noch das Land »unbegrenzter« Möglichkeiten ist. Zur Diskussion steht hier das Mobilitätsproblem, also die Bewegung von Personen in und aus verschiedenen sozialen Schichten.

Die Beantwortung dieser beiden Fragen – gibt es soziale Klassen und welche Mobilitätschancen bestehen innerhalb der Schichtenhierarchie – hängt davon ab, wie man seine eigenen Begriffe definiert, von welchen Handlungen gesprochen wird und wieviel Mobilität welcher Art man analysiert.

Nicht in jeder Beziehung relevant für diese beiden Fragen, jedoch von großer Bedeutung innerhalb der Bemühungen um eine theoretische Erfassung des Schichtungsproblems ist das Werk von Talcott Parsons, der als einer der führenden Interpreten von Max Weber gilt und selbst ein einflußreicher, eigenständiger Theoretiker ist. Parsons' grundsätzlicher Beitrag liegt in dem Versuch, auf der höchstmöglichen Abstraktionsstufe einen Hypothesensatz über soziale Schichtung zu formulieren.

Als wesentliches Kennzeichen der Schichtung in jeder Gesellschaft sieht er die relative moralische Bewertung, die verschiedene soziale Einheiten erfahren. Zur Ermittlung der Kriterien, mit denen diese Bewertung bestimmt wird, benutzt Parsons vor allem den Ansatz Warners. Subjektive Beurteilungen von anderen gelten als Basis für die Bildung von Schichten sozialer Einheiten oder Positionen. In seiner Argumentation jedoch, daß das Eigentum nur einen der vielen Bestimmungsgründe für soziale Wertschätzung darstellt, geht Parsons über Warner hinaus. Außerdem hat Parsons die bei Weber implizit enthaltenen Vorstellungen über die Zwangsläufigkeit von Schichtung weiterentwickelt. Er stellt fest, daß für jede Gesellschaft die soziale Beurteilung und Bewertung aller Handlungen eine *conditio sine qua non* ist: per definitionem sind alle Gesellschaften um gemeinsame Werte und Ziele gruppierte Handlungssysteme. Daher muß aufgrund der Ziele und Werte, über welche in einer Gesellschaft Übereinstimmung herrscht, immer zwischen dem was besser und dem was schlechter ist, unterschieden werden. Aus diesem Grund ist es wahrscheinlich, daß diejenigen Mitglieder einer Gesellschaft, die die höchsten Werte verkörpern oder die am höchsten bewerteten Funktionen erfüllen, auch am höchsten eingestuft werden. Hierzu entwickelt Parsons eine Klassifikation von Bedingungen, aufgrund derer bestimmte Qualitäten oder Leistungen wahrscheinlich höher als andere bewertet werden.

Diese Bedingungen werden ins Verhältnis zur Grundorientierung einer Gesellschaft gebracht, d. h. es wird beispielsweise festgestellt, ob eine Gesellschaft mehr die Erreichung erwünschter Ziele betont oder eher den Akzent auf das Bedürfnis von Zusammenhalt und Integration legt. Art und Grad von Schichtung werden auf diese Weise bei Parsons durch andere übergreifende Merkmale der Gesellschaft erklärt. Somit handelt es sich hier um Hypothesen allgemeinster Art.
Nun unterscheiden sich die Meinungen der heutigen Soziologen besonders stark hinsichtlich der Bedeutung, Häufigkeit und Zwangsläufigkeit von Konflikten. Bekanntgeworden ist diese Uneinigkeit als Streit zwischen »Gleichgewichts- und Konflikttheoretikern«. Die Gleichgewichtsschule neigt dazu, Gesellschaft als einen zum Gleichgewicht tendierenden Organismus zu interpretieren. So ist es ganz natürlich, daß Anhänger dieser Richtung bei jedem sozialen Zusammenhang, wie z. B. dem System der sozialen Schichtung, fragen, wie dieses zu dem größeren sozialen System paßt. Wie trägt es zur Erhaltung des größeren sozialen Systems bei? Und wie wird es umgekehrt von anderen Systemen wie Familie, Erziehungsinstitutionen und der Wirtschaft erhalten? Kurz, von Interesse sind die funktionalen Verbindungen zwischen den verschiedenen Teilen einer Gesellschaft, von denen das Schichtungssystem nur eines ist. In dieser Sicht werden Konflikte, ob zwischen einzelnen Gruppen oder Schichten, als dysfunktional gesehen. Sie erfordern Aufmerksamkeit und gesellschaftliche Maßnahmen zu ihrer Eindämmung oder Beseitigung. Implizit werden Stabilität und Ordnung als natürlich und normal betrachtet, wohingegen Konflikt und Unordnung als abweichende Phänomene und als Beleg dafür gelten, daß das System nicht richtig funktioniert. Zu Recht oder Unrecht, Parsons und Warner sowie diejenigen, die ihren theoretischen und methodologischen Neigungen folgen, werden mit dieser Ansicht identifiziert.
Im Gegensatz zur Betonung von Stabilität, funktionaler Verbundenheit und Integration seitens der Gleichgewichtsschulen sehen diejenigen, die der Konfliktschule zugerechnet werden, wie Robert Lynd, C. Wright Mills, Lewis Coser und Ralf Dahrendorf, Gesellschaft als eine Ansammlung verschiedener Institutionen – Wirtschaft, Politik, Erziehung –, die oft nur locker miteinander verbunden sind. Die ungleiche Verteilung von Eigentum, Macht und Prestige wird als Indiz für ein besonderes Privileg der Elite angesehen. Solche Vorteile der Elite er-

schweren es anderen Gruppen, die Vorteile des Lebens zu genießen. Schichtung oder soziale Ungleichheit gilt daher als eine wichtige Ursache für andauernden Konflikt in der Gesellschaft. Von diesem Standpunkt aus ist Konflikt ein Bestandteil sozialer Organisationen, er ist natürlich und prognostizierbar.

Konflikttheoretiker fragen nicht nur, wie Teilsysteme zueinander passen oder sich gegenseitig stützen; sie interessiert vor allem die Analyse der Ursachen von Spannung und Belastung innerhalb und zwischen sozialen Institutionen. Spannung und Belastung werden als normale Ergebnisse sozialer Interaktion betrachtet. Wo Gleichgewichtstheoretiker die positiven Funktionen sozialer Ungleichheit oder Schichtung studieren, beschäftigen Konflikttheoretiker sich eher mit den negativen Auswirkungen, z. B. damit, wie diese Ungleichheiten Gesellschaften spalten und sie weniger produktiv und befriedigend sein lassen, als es möglich wäre.

Daß die Auseinandersetzung mit Schichtungsproblemen in der modernen Soziologie zentrale Bedeutung erlangt hat, wird durch zwei Tatsachen belegt: (1) In den letzten drei Jahrzehnten, besonders jedoch seit 1945, haben Soziologen Hunderte, wenn nicht Tausende von Schichtstudien mit unterschiedlichem Geschick, ungleicher Bedeutung und variierendem Umfang erstellt; (2) so gut wie jede Untersuchung irgendeines sozialen Phänomens – ob es sich nun um Bevölkerungsbewegungen, Scheidungsraten, Familienkulturen oder was auch immer handelt – trägt – oft in beträchtlichem Ausmaß – der Möglichkeit Rechnung, daß das zu erforschende Verhalten von einem oder mehreren Faktoren, die auf soziale oder ökonomische Positionen oder Ressourcen verweisen, beeinflußt wird.

In der Tat ist, unabhängig vom eigentlich untersuchten Problem, in den meisten soziologischen Studien die Analyse sozio-ökonomischer Faktoren ein »Muß« geworden. Ferner ist heute die Korrelation von Faktoren wie Alter, Geschlecht, städtische Wohnung, Rasse und Religion mit »Schichtfaktoren« eine Standardprozedur. Mit diesen Korrelationen wird der Grad der Abhängigkeit bzw. Unabhängigkeit der genannten Faktoren von Schichtfaktoren untersucht. Beinahe mit Sicherheit enthält beispielsweise jede Studie, die das unterschiedliche Verhalten von Katholiken und Protestanten untersucht, eine Analyse, die zu klären sucht, wieweit anscheinend religiös bedingte Unterschiede in Wirklichkeit auf bessere Erziehung und größeren Wohlstand – etwa der Protestanten – zurückzuführen sind.

Zusammenfassend: Die Beschäftigung mit den Ursachen, Strukturen und Folgen sozialer Ungleichheit ist ein Hauptproblem der Soziologie. Diese Problemstellung wird sich wahrscheinlich so lange einer weitverbreiteten Aufmerksamkeit erfreuen, wie Ungleichheiten bestehen und sich auf die Lebensbedingungen und -stile der verschiedenen Schichten, die jede Gesellschaft prägen, auswirken werden.

2. Kapitel

Fünf grundlegende Kennzeichen sozialer Schichtung

Im allgemeinen wird eher von sozialer Schichtung als von sozialer Ungleichheit gesprochen; im praktischen Gebrauch stimmen die beiden Begriffe jedoch überein. Schichtung ist auf verschiedene Art und Weise definiert worden. Im wesentlichen verstehen wir soziale Schichtung als Eingliederung irgendeiner sozialen Gruppe oder Gesellschaft in eine Hierarchie von Positionen, die in bezug auf Macht, Eigentum, soziale Wertschätzung und/oder psychische Belohnung ungleich sind.

Macht bezieht sich auf die Fähigkeit, Absichten auch gegen Widerstand durchzusetzen. *Eigentum* kann als Recht auf Güter und Dienste definiert werden. *Wertschätzung* bezeichnet eine gesellschaftliche Beurteilung, nach der ein Status oder eine Position prestigehaltiger oder ehrenvoller als andere ist; volkstümlicher gesagt, daß diese Position aus dem einen oder anderen Grund anderen vorzuziehen ist. *Psychische Belohnung* schließlich beinhaltet alle Ursachen von Freude und Zufriedenheit, die sich nicht als Eigentum, Macht oder Wertschätzung einordnen lassen.

Zur Veranschaulichung: Das Einkommen einer Person kann als Eigentum bezeichnet werden; mit Einkommen läßt sich Einfluß ausüben und eine Anzahl erwünschter Güter erwerben, und das ist Macht. Durch Besitz (z. B. ein Haus oder ein Auto) gewinnt man vielleicht ein gewisses Maß an Prestige oder Ansehen. Man vermutet, daß man eine günstigere Position als die weniger Verdienenden einnimmt; schließlich können dadurch die Freude des Besitzers und sein Selbstgefühl anderen gegenüber wachsen – dies sind psychische Belohnungen.

Das letzte Beispiel zeigt, daß die Begriffe Eigentum, Macht und Wertschätzung sich eher auf abstrakte Objekte oder Teile derselben als auf konkrete beziehen. So können zwei Besitzer des gleichen Automodells, die in verschiedenen Städten leben, sich erheblich in ihrem Anspruch auf eine Stellung oder in der sozialen Wertschätzung, die sie aufgrund ihres Autobesitzes genießen, unterscheiden. Ebenso können ihre Freude, Selbstdarstellung und Selbstschätzung als Ergebnis der Macht- und Prestigeunterschiede, mit denen sie ihr Auto versieht, recht verschieden sein. Offensichtlich ist die Art der Verteilung von wünschenswerten

Gütern für das Individuum und für die Gesellschaft von großer Bedeutung; denn diese umfassen per definitionem *alle* wünschenswerten Objekte, auch die besonders seltenen und begehrten. Deshalb findet man in jeder Gesellschaft – oft ungeschriebene – Regeln, welche die Verteilung von Macht, Eigentum, sozialem Ansehen oder Prestige sowie die der psychischen Belohnungen festlegen. Normen, welche die Verteilung von Prestige und psychischen Belohnungen bestimmen, sind jedoch häufig viel informeller und uneinheitlicher als *die* Regeln, nach denen Macht und Eigentum verteilt und reguliert werden. Normalerweise wird die Verteilung dieser als erstrebenswert angesehenen Güter durch Zurechnung von Anteilen auf soziale Positionen oder *Statusbündel,* die von Erwachsenen eingenommen werden, geordnet. In modernen Gesellschaften ist der Beruf die wichtigste dieser Positionen. So kann man Arzt, Fabrikmanager oder Facharbeiter sein und in diesen Positionen die üblichen Lohn-, Gehalts- und Vergütungssummen beziehen. Da zu verschiedenen Positionen unterschiedliche Macht-, Eigentums- und Prestigeanteile gehören, ist es möglich, diese zu ordnen. Statusbündel gleicher Anteile können dann zu einer Schicht gruppiert und von anderen *Schichten* unterschieden werden.

So gesehen besteht eine Gesellschaft aus zahlreichen hierarchisch geordneten Schichten, wobei als Schichtungskriterien gelten: der jeweilige Anteil an Macht, Eigentum und Wertschätzung und die psychischen Belohnungen, welche diese Schichten typischerweise empfangen. Nach diesem allgemeinen Bild einer geschichteten Gesellschaft sind alle Gesellschaften zu einem gewissen Grad geordnet. Hierbei spielt das Wort »sozial« eine bestimmende Rolle, da eine Schicht aus *sozial definierten* Positionen besteht, denen *sozial vorgeschriebene* Anteile an Macht, Eigentum und Prestige zukommen.

Dem Phänomen »Schichtung« kann daher eine Reihe wichtiger Eigenschaften zugeschrieben werden; Schichtung ist:

1. sozial, d. h. ein strukturiertes Phänomen;
2. alt, d. h. kann in allen vergangenen Gesellschaften gefunden werden;
3. ein universelles Phänomen;
4. in ihren Formen verschieden;
5. folgenreich, d. h., die wichtigsten, meist gewünschten und gewöhnlich besonders knappen Dinge im menschlichen Leben bilden die Bestandteile, die ungleich verteilt werden.

Diese fünf Kennzeichen sollen nun genauer untersucht werden.

a) Die Bedeutung sozialer Definitionen

Die Aussage, Schichtung sei »sozial«, beinhaltet zunächst, daß *nicht* über *biologisch verursachte* Ungleichheiten gesprochen wird. Obwohl unterschiedliche Stärke und Intelligenz sowie verschiedenes Alter und Geschlecht als Grundlage von Status- oder Schichteinteilung dienen *können*, reichen solche Unterschiede niemals zur Erklärung der Tatsache aus, daß einige Positionen über mehr Macht, Eigentum und Prestige verfügen als andere. Biologische Merkmale sind für Strukturen der Über- und Unterlegenheit erst bedeutsam, wenn sie *sozial bewertet* werden und für die Überzeugungen, Haltungen und Werte von Menschen Bedeutung gewinnen. Daher hat der alte und physisch schwache, aber weise Mann adeliger Herkunft eine gleiche Chance, Häuptling zu werden, wie ein junger, starker Krieger geringerer Abkunft. Ebensowenig erreicht normalerweise ein Manager eines Industrieunternehmens die beherrschende Spitzenposition durch Anwendung körperlicher Gewalt; vielmehr muß er über das sozial definierte richtige Verhalten und über die erforderliche Erziehung, Ausbildung, Persönlichkeit sowie über Fertigkeiten, Charakter usw. verfügen. Die Bestimmung des »höchst Geeigneten« (»fittest«) und »meist Berechtigten« für größere Anteile von Eigentum und Macht ist daher immer ein komplexes soziales und kulturelles Verfahren, das oft wenig mit biologischen Merkmalen an sich zu tun hat.

b) Die Bedeutung von Normen und Sanktionen

Der »soziale« Aspekt der Schichtung beinhaltet auch die Weise, nach der Belohnungen in jedem Gemeinwesen nach »Normen« und Konventionen verteilt werden. Wahrscheinlich spiegeln Normen vor allem die Interessen derjenigen wider, die genügend Macht zur Stützung der für sie vorteilhaftesten Normen haben. Im Grunde kann man in jeder Gesellschaft feststellen, daß die meisten Personen diesen Normen folgen, auch wenn sie sich auf der niedrigsten Stufe der Schichtenhierarchie befinden und ihnen somit nur ein minimaler Anteil an den begehrten Gütern zugestanden wird. Diese Konformität trägt zur Erklärung der Tatsache bei, daß in der Geschichte Perioden revolutionärer Unruhe im Verhältnis zu Perioden »friedlichen« Festhaltens am Status quo vergleichsweise selten sind. Diese Hinnahme des Lebensschicksals sogar von den am stärksten erniedrigten und ausgebeuteten Teilen einer Bevölkerung belegt die Stärke und Dauerhaftigkeit von »Normen«, wenn diese erst einmal gelten und die herrschenden Gruppen glauben, sie seien im Besitz der Kontrolle über die zu ihrer Stützung erforderlichen Sanktionen.

c) Die Notwendigkeit der Sozialisierung jeder Generation

Eine dritte Seite des »sozialen« Aspektes von Schichtung betrifft die Art und Weise, in der die Normen einer Gesellschaft von Generation zu Generation übertragen werden. Es gibt keinen Beweis dafür, daß irgendeine Mentalität – sklavisch, herrisch oder wie auch immer – biologisch angeboren ist. Im Gegenteil zeigen alle Belege, daß jedem Kind die Regeln seiner Gruppe *anerzogen* werden. Was die Erwachsenen angeht, so gehorchen sie und verhalten sich konform, weil sie entweder – im Glauben an die Richtigkeit der Dinge, wie sie nun einmal sind – eine irdische oder göttliche Strafe fürchten oder aber weil sie nicht in der Lage sind, sich vorzustellen, daß etwas anders sein könnte. Umgekehrt *lernen* Kinder zum Teil zu gehorchen, weil von ihnen *verlangt* wird, an die Richtigkeit der elterlichen Anschauungen zu glauben, und sie Strafe fürchten oder von den Eltern Belohnungen erwarten; oder auch, weil sie selber keine Alternativen sehen bzw. sich keine vorstellen können. Soziale Übertragung der Normen und Sozialisierung der einen Generation durch die vorhergehende ist also für die Kontinuität dieser Normen unabdingbar. Jede Gesellschaft muß bei der Geburt eines jeden Kindes neu geschaffen werden. Jede Kombination sozialer Verhaltensmuster ist nur so lange von Dauer, wie ihre Übertragung von Eltern auf Kinder gewährleistet ist. Dieser Prozeß wird Sozialisierung genannt.

d) Inhärente Instabilität sozialer Systeme

Sozialisierungsprozeß und Sanktionen zur Konformitätssicherung garantieren einerseits Dauer und Stabilität von Normen, andererseits verursachen sie aber auch deren Instabilität und Unstetigkeit, weil Sozialisierung und Sanktionen niemals vollkommen funktionieren – sie also in ihrer Wirksamkeit von einer Familie und einer Generation zur anderen dauernd wechseln.

Dies ist einer der Gründe für die laufende Veränderung von Schichtungssystemen.
Eine zweite Ursache inhärenter Instabilität sind unterschiedliche Geburtsraten verschiedener Schichten. Sind in der herrschenden Klasse nicht genügend fähige Nachkommen zur Übernahme der traditionell einflußreichen Positionen vorhanden, so werden diese wahrscheinlich von Söhnen und Töchtern nichtelitärer Abkunft besetzt. Dieser Mangel wird besonders fühlbar, wenn eine Gesellschaft wächst und sich ausdehnt.

e) Schichtung und andere Institutionen

Die Aussage, Schichtung sei ein »soziales« Phänomen, beinhaltet immer Verbindungen des Schichtungssystems mit anderen gesellschaftlichen Systemen. Wir sprechen von »institutionellen Interdependenzen« oder »institutionellen Beziehungen«. Gemeint ist die gegenseitige Beeinflussung zwischen bestehenden Schichtordnungen und politischen, wirtschaftlichen, erzieherischen, auch elterlichen, familiären, verwandtschaftlichen und religiösen Systemen.
Ein Beispiel für die Verbindung von Schichtung und politischem System ist die *Machtvererbung:* Die Söhne der herrschenden Elite übernehmen zu einem gesellschaftlich definierten Zeitpunkt die Positionen ihrer Eltern.
Die Beziehungen von Schichtung und Wirtschaft werden durch folgende Tatsache veranschaulicht: Die Entscheidungen über die Produktion von Gütern und die Erstellung von Dienstleistungen, über die Zahlung von Löhnen und Gehältern sowie über die Bestimmung der Arbeitsbedingungen werden oft von denen getroffen, die entweder über das zur Realisierung dieser Entscheidungen erforderliche Kapital verfügen (wie in den USA) oder die politische Macht zur Kontrolle solcher Entscheidungen besitzen (wie in der UdSSR), bzw. von denen, die sowohl das Kapital als auch die Kontrolle besitzen. Durch solche Verknüpfungen sind Struktur und Funktion der Wirtschaft eng mit dem Schichtungssystem verwoben.

Insgesamt haben wir also fünf Aspekte untersucht, die das dem Begriff Schichtung zugeordnete Adjektiv »sozial« betreffen: (1) Der Aufbau eines jeden Schichtungssystems ist von gewohnheitsmäßig zugeschriebenen Bedeutungen und sozial definierten Kriterien und Vorschriften abhängig. (2) Normen und Sanktionen sind die entscheidenden Bestandteile zur Strukturierung und Erhaltung des Systems. (3) Jede Generation muß die Normen aufs neue lernen. (4) Jedes System ist tendenziell bis zu einem gewissen Grad instabil, da in einer Gesellschaft Sozialisierungsprozesse niemals identisch sind und andere Faktoren sich störend auswirken, wie z. B. unterschiedliche Geburtsraten in verschiedenen Schichten. (5) Jedes Schichtungssystem steht in unmittelbarer Wechselwirkung mit anderen sozialen Systemen, z. B. mit politischen, familiären, religiösen, wirtschaftlichen und erzieherischen Institutionen.

Schichtung ist ein altes Phänomen

Nach historischen Berichten und archäologischen Befunden waren bereits die kleinen, für die Gesellschaften der ersten Menschheitsperioden typischen Wanderhorden geschichtet. Unter solch primitiven Bedingungen müssen Alter und Geschlecht in Verbindung mit physischer Stärke wichtige Schichtungskriterien gewesen sein. »Frauen und Kinder zuletzt«, war vermutlich ihr Motto.

Verläßliche schriftliche Berichte reichen über mehrere Tausend Jahre zurück. Aufzeichnungen der Babylonier, Perser, Hebräer, Griechen usw. berichten, daß »adelige« Herkunft von großer Bedeutung war. Es gab Reiche und Arme, Mächtige und Niedrige, Freie und Sklaven, und diese hierarchischen Ordnungen wurden – besonders von den Herrschenden – als natürliche Weltordnung angesehen.

Aus Quellen besser bekannter Perioden, seit etwa 2000 Jahren, wissen wir dann auch, daß die Vorstellung einer Hierarchie als ein natürliches und unvermeidliches Strukturmerkmal sozialen Lebens weit verbreitet war. Dies galt für China, Indien und Afrika ebenso wie für Europa und die Neue Welt. Ähnlich waren die alten amerikanischen Königreiche der Indianer in Adelige und Gemeine geteilt – also in wenige, die viel, und in viele, die wenig besaßen. Die Armen und Machtlosen gehorchten, dienten und unterwarfen sich den wenigen, die mächtig und reich waren und an deren höhere Abkunft man glaubte.

Solche Ordnungen und Neuordnungen, durch die es gewissen Bevölkerungsteilen gelingt, sich unverhältnismäßig große Macht-, Eigentums- und Prestigeanteile zu sichern, kennzeichnen seit jeher die menschliche Gesellschaft.

Schichtung gibt es überall

Heutzutage sind ernsthafte Äußerungen von Unzufriedenheit mit den vorherrschenden Verteilungsweisen der Güter und Dienstleistungen für die ganze Welt typisch. Diese Unzufriedenheit ist tatsächlich ein beredtes Zeugnis für das Vorhandensein von Schichtung. Die einzelnen Nationen bilden gemeinsam ein weltweites Schichtungssystem: Reiche gegen Besitzlose. Und *innerhalb* jeder Nation, einschließlich aller sogenannten sozialistischen Länder, ist Schichtung ebenfalls zu finden.
Schichtung findet sich aber auch in den schriftlosen Gesellschaften, deren Tradition überwiegend mündlich überliefert wird und für die technologische Aspekte der Zivilisation, die auf Schrift, Wissenschaft und Entdeckungen beruhen, nur von untergeordneter Bedeutung sind. So sind z. B. auch die selbständigen, etwa 50 bis 100 Menschen umfassenden Jäger- und Sammlerhorden der Buschmänner, wenn auch nur in Ansätzen, geschichtet. Zwar gibt es bei ihnen keine Schichtung im üblichen Sinne, doch gibt es sozial vorgeschriebene Ungleichheiten zwischen Männern und Frauen sowie zwischen Erwachsenen und Kindern. Wichtig ist die Unterscheidung zwischen Schichtungssystemen, die vor allem auf Alter und Geschlecht beruhen, und solchen, die hauptsächlich von anderen Kriterien abhängen. Ebenso wichtig ist die Tatsache, daß einige Formen gesellschaftlich strukturierter und sanktionierter Macht-, Eigentums- und Prestigeungleichheit *überall* bestehen.

Die unterschiedliche Ausprägung von Schichtung

Wir haben uns bis jetzt auf Ungleichheit und die Formen ihrer Erscheinung bezogen. Das Ausmaß von Schichtung, das jetzt zur Diskussion steht, erstreckt sich theoretisch von dem einen Extrem eines gleichen Macht-, Eigentums- und Prestigeanteils bis zum anderen, an dem allen Positionen ungleiche Anteile zugeschrieben werden. In keiner Gesellschaft, die je bestanden hat, finden wir das eine oder das andere Extrem voll verwirklicht. Immerhin nähert sich eine Gesellschaft wie die des alten Indien mit seinen über 5000 Unterkasten dem Extrem totaler Ungleichheit, während die Kibbuzim – landwirtschaftliche Produktionsgenossenschaften in Israel – eher dem Extrem der totalen Gleichheit zuzurechnen sind.

Der unterschiedlichen Anzahl von Schichten, die man in vergangenen und gegenwärtigen Gesellschaften gefunden hat, entsprechen unterschiedliche *Formen* der Schichtung. Begriffe wie Klasse, Kaste und Stand sind von Nutzen für die verschiedenen Möglichkeiten der Klassifikation unterschiedlich scharfer Schichtgrenzen, unterschiedlicher Chancen des Schichtwechsels und variierender Möglichkeiten einer Anerkennung von Schichten als Ganzheiten.

Klasse, Kaste und Stand sind aber sehr allgemeine Begriffe. Zwar können alle Gesellschaften der Welt nach ihnen geordnet werden, zu einer Beschreibung der bestehenden Klassen- und Kastenformen sind jedoch viele weitere Begriffe notwendig. So haben beispielsweise die Beziehungen zwischen Weißen und Farbigen in den USA einige kastenartige Kennzeichen; es stimmt aber auch, daß viele »Klassenelemente« vorhanden sind. Die gleiche Beobachtung einer Mischung von Typen müßte sich bei einer Analyse des modernen Indien ergeben. Wieder andere Begriffe wären zur Beschreibung der Schichtsysteme in der UdSSR und den osteuropäischen Gesellschaften nötig oder zur Beschreibung komplexer Gesellschaften wie der Lateinamerikas mit ihren Mischungen von primitiven agrarischen und industriellen Strukturen, wobei dann traditionelle und moderne Schichtungskriterien zusammenfließen.

Die Auswirkungen von Schichtung

Die Folgen, die aus ungleicher Macht, psychischer Belohnung sowie ungleichem Eigentum und Prestige herrühren, können in zwei allgemeinen Begriffen zusammengefaßt werden: (1) Lebensbedingungen und (2) Lebensstile.

Lebensbedingungen beziehen sich etwa auf die Häufigkeit von Kindersterblichkeit, Lebensdauer, physischer und geistiger Krankheit, Kinderlosigkeit sowie auf Ehekonflikte, Trennung und Scheidung.

Lebensstile umfassen den Haustyp und die Nachbarschaft, in der man lebt; Freizeitbeschäftigungen, denen man nachgeht; kulturelle Veranstaltungen, die man besuchen kann; Beziehungen zwischen Eltern und Kindern; Bücher und Zeitschriften sowie Fernsehsendungen, denen man ausgesetzt ist.

Man kann natürlich in all diesen Beispielen unterschiedliche Chancen zu Freude und Leid für die einzelnen Schichten sehen.

In diesem Sinn wird der Lebensstil von den Lebensbedingungen bestimmt. Aus guten Gründen erscheint es jedoch zweckmäßiger, die eben aufgezählten Formen und Muster sozialen Lebens von solchen Ereignissen wie Kindersterblichkeit, frühem Tod, geistiger und physischer Krankheit sowie Scheidungsraten begrifflich zu trennen. Während Lebensstile unterschiedliche Neigungen, Werte und verschiedenen Geschmack widerspiegeln, sind die Lebensbedingungen viel unfreiwilliger und unpersönlicher bestimmt.

Zusammenfassung

Fünf Schichtungskennzeichen wurden erläutert: die grundsätzlich gesellschaftliche Natur von Schichtung, ihr Alter, ihre Allgegenwart, ihre Verschiedenheit und ihre Auswirkungen. Neben anderen sind es diese fünf Kennzeichen, die die Wichtigkeit der Analyse sozialer Schichtung rechtfertigen. Wenn sich soziale Schichtung überall und zu allen Zeiten findet, wenn sie andere wichtige Institutionen beeinflußt und mit ihnen eng verbunden ist, dann muß sie erforscht werden. Zu diesem Zweck müssen die grundlegenden Ansätze analysiert werden, die von verschiedenen Wissenschaftlern zu ihrem Verständnis entwikkelt wurden, müssen die erforderlichen Begriffe und Konzepte bekannt sein, um das Phänomen Schichtung in einer systematischen wissenschaftlichen Ordnung zu erfassen. Weiter sollten geeignete Methoden zu seiner Analyse beherrscht werden, Bedingungen, unter denen es sich in bestimmten Dimensionen ändert, bekannt sein. Schließlich muß man versuchen, Probleme seiner Entstehung und Dauer in der menschlichen Gesellschaft zu berücksichtigen sowie die Bedeutung von Schichtung für künftige Gesellschaftsformen zu erforschen. Diese Probleme werden in den folgenden Kapiteln behandelt.

3. Kapitel

Differenzierungsprozesse und Rangordnung

Wenn es zu allen Zeiten Schichtungssysteme gegeben hat, wenn sie universal und in ihren wichtigsten Zügen grundsätzlich ähnlich sind, dann müssen der Entstehung, Gestaltung und Erhaltung dieser Systeme einige gemeinsame Prozesse zugrunde liegen. Mindestens vier solcher Prozesse sind zu unterscheiden: (1) Differenzierung, (2) Rangordnung, (3) Bewertung und (4) Belohnung; die ersten beiden behandeln wir in diesem Kapitel.

Statusdifferenzierung

Der Prozeß, in dem soziale Positionen wie Vater, Mutter, Lehrer und Unternehmer bestimmt und voneinander unterschieden werden, wird Statusdifferenzierung genannt. Hierbei wird jeder Position eine spezifische Rolle, also ein Bündel von Rechten und Pflichten zugeordnet. Dieser Prozeß ist unumgänglich, soll eine Gesellschaft länger als eine Generation bestehen: Voraussetzung gesellschaftlicher Kontinuität ist die ausreichende Erfüllung einer Anzahl grundsätzlicher Aufgaben. Um diese zu sichern, ist die Zuordnung von Verantwortung erforderlich. Zeugung und Sozialisierung von Kindern sowie die ihnen zu widmende Fürsorge sind einige dieser Aufgaben. Zur Erfüllung dieser drei Funktionen sind viele Möglichkeiten vorstellbar. Zum Beispiel können alle drei Funktionen zusammen von mehreren sozialen Einheiten bewältigt werden, jede kann verschiedenen oder aber alle Funktionen können derselben sozialen Einheit zugeteilt werden. Entscheidend ist, daß diese Aufgaben irgendeinem bestimmten sozialen System zugeschrieben werden, damit bekannt ist, wer wofür verantwortlich ist. Diese Aufgabenzuteilung wird *Statusdifferenzierung* genannt.

Unter folgenden Voraussetzungen ist Statusdifferenzierung am wirksamsten: (1) Die Aufgaben sind klar bestimmt. (2) Autoritätslinien und Rollenverantwortung werden deutlich unterschieden. (3) Für eine ausreichende Zahl von Personen bestehen wirksame Rekrutierungs- und Ausbildungsmechanismen. (4) Es sind adäquate Sanktionen, Belohnungen wie Bestrafungen, vorhanden, welche die Individuen zu gewissenhafter Leistung motivie-

ren und sie von Gleichgültigkeit und Nichterfüllung ihrer festgelegten Mindestleistungen abhalten.
Erfolgt durch den Prozeß der Statusdifferenzierung keine formelle Zuordnung von Verantwortung, so sind Nichterfüllung der wichtigsten sozialen Rollen oder doch unbefriedigende und ungenügende Leistungen wahrscheinlich.* Rollen sind in keiner Weise einfache oder automatische Antworten; vielmehr verlangen sie ein beträchtliches Ausmaß von Erziehung, Lernen, Motivierung und Sanktionierung. So kann man für den Fall gänzlich fehlender Sanktionen wahllose Sexualbeziehungen zwischen Männern und Frauen als sicher annehmen. Keineswegs sicher ist es jedoch, daß Männer und Frauen dauerhafte und gleichmäßige Bindungen eingehen, Neugeborene am Leben erhalten und die Mühen der Erziehung auf sich nehmen.
Selbst wenn sich *einige* Familien- und Erziehungsmuster entwickeln würden, ist nicht anzunehmen, daß bei fehlenden Regeln, Verfahren und Vorschriften irgendwelche erwünschten Verhaltensweisen befolgt würden. Aufgrund der großen Verschiedenheit, mit der in der ganzen Welt Gesellschaften ihre Familienaufgaben wahrnehmen, ist dies offensichtlich. Jede dieser verschiedenen Familienstrukturen stellt für die einzelne Gruppe eine »natürliche« Wahl im Bereich der Möglichkeiten dar. Gibt es in einer Gesellschaft keine besonderen Bemühungen, ein Familienmuster gegenüber anderen zu begünstigen, so ist eine Zufallsordnung wahrscheinlich.

Rangordnung von Positionen

Die Differenzierung von Positionen auf der Grundlage ihrer Rollen ermöglicht es, sie zu vergleichen. Eine wichtige Vergleichsmöglichkeit bildet ihre *Rangordnung*. Drei Kriterien stehen dabei zur Verfügung:
1. *Persönliche Merkmale* – wie Intelligenz, Schönheit oder Stärke, sofern sie für eine wirksame Rollenausübung notwendig erscheinen.
2. *Erlernte Fertigkeiten und Fähigkeiten* – wie handwerkliche Geschicklichkeit, Rechtskenntnisse, Schulwissen, Holzsägen und das Einschlagen von Nägeln –, die für eine wirkungsvolle Rollentätigkeit erforderlich scheinen.

* Vgl. hierzu Band 6 der Reihe »Grundfragen der Soziologie«: Dieter *Claessens*, Rolle und Macht, München 1968 (A. d. H.)

3. *Folgen oder Wirkungen* einer Rolle auf andere oder die ganze Gesellschaft. So sorgen Schauspieler für Unterhaltung, Richter sichern die Gerechtigkeit, und Polizisten erhalten die Ordnung. Solche Wirkungen werden manchmal als »soziale Funktionen« einer Rolle bezeichnet. Eine wichtige Rangordnungsfunktion besteht darin, die Suche nach den richtigen Leuten für die richtigen Positionen zu erleichtern. Durch eine Aufgabenspezifizierung nach dem Niveau verlangter Fertigkeiten und Fähigkeiten sowie nach dem Ausmaß erforderlicher Erziehung oder erwünschter persönlicher Qualitäten wird eine rationale Entdekkung und Verteilung menschlicher Arbeitskraft und ihre wirksame Fortbildung eher möglich.

Eine genaue Messung persönlicher Fertigkeiten und Qualitäten sowie die Bestimmung des Verhältnisses von gestellter Aufgabe und tatsächlicher Rollenleistung ist mit erheblichen technischen Problemen verbunden. Zumindest theoretisch ist es jedoch möglich, Positionen nach diesen Kriteriengruppen zu ordnen, wenn auch nur in groben Begriffen von »mehr und weniger« oder »höher und niedriger«.

Die Bildung solcher Rangordnungen beinhaltet kein Werturteil im Sinne von »besser« oder »schlechter«. Eine Rolle kann für schwieriger als andere gehalten werden, sie kann mehr körperliche Arbeit verlangen oder mehr zur Unterhaltung beitragen, ohne daß damit ein Urteil über ihren relativen Wert gefällt wird. Rangordnungen sind von den Kriterien abhängig, die eine Gesellschaft als wertvoll ansieht. Wenn sie Gerechtigkeit höher als Zerstreuung bewertet, so wird ein Richter des obersten Bundesgerichtes einem Schauspieler vorgezogen werden, obwohl der Schauspieler besser für Unterhaltung sorgt. Wie die Differenzierung ist auch das Aufstellen einer Rangordnung wertneutral und von ihrer Bewertung zu unterscheiden. Fragen nach »mehr oder weniger« interessieren bei der Aufstellung von Rangordnungen eher als Fragen nach »besser oder schlechter«.

Sicherlich hängen in verschiedenen Gesellschaften Rangordnung und Bewertung eng zusammen. Diese Beziehungen hängen von Werten ab, die für die Rangordnungen und deren Einschätzung gelten. In Gesellschaften, die den Adel hoch achten, ist die Beurteilung von Über- bzw. Unterlegenheit deutlich vom Ausmaß adeliger Herkunft abhängig. Hierbei sind jedoch zwei Schritte zu unterscheiden: Zunächst erfolgt eine *Rangordnung* aufgrund adeliger Abstammung, sodann eine Beurteilung des *Wertes*, der einer solchen Abstammung zugeschrieben wird. Während der russischen Revolution im 20. Jahrhundert oder der demokratischen bürgerlichen Revolutionen in den USA und Frankreich im 18. Jahrhundert war der Nachweis adeliger Abstammung manchmal der Paß in die Verbannung, ins Exil oder in den Tod. Adel an sich ist eben nichts notwendig Wertvolles.

Die Aufstellung einer Rangordnung ist in zweifacher Hinsicht ein selektiver Prozeß. Erstens werden aus den von einer Gesellschaft unterschiedenen Formen des Status nur einige für die Bildung vergleichender Rangordnungen ausgewählt; zweitens werden von den Kriterien, nach denen Positionen zugeordnet werden können, nur einige tatsächlich verwandt. Beispielsweise gilt heute in den USA das Interesse und die Aufmerksamkeit mehr der Stufung von Berufspositionen, viel weniger der Familie oder Religionszugehörigkeit. Wirtschaftlichen Rollen wird somit eine wesentlich größere Bedeutung zugeschrieben als Familienrollen. In schriftlosen Gesellschaften dagegen ist die Situation völlig anders; hier interessieren vor allem Verwandtschaftsrollen, während wirtschaftliche Rollen mehr oder weniger als gegeben hingenommen werden.

Man kann behaupten, daß in jeder Gesellschaft die Bestimmung der wichtigsten gesellschaftlichen Aufgaben vom Urteil der Mächtigen abhängt. In dieser Aussage wird im Gegensatz zu Marx und Engels nicht darauf bestanden, daß wirtschaftliche Macht und ökonomische Interessen immer die letztlich entscheidenden Faktoren sind. Diese etwas weitere Sicht erlaubt es z. B., die These zu formulieren, daß im mittelalterlichen Europa eine organisierte Kirche ins Zentrum der gesellschaftlichen Ordnung rückte. Darin ist aber dann nicht notwendig die weitere These enthalten, daß die vorrangigen Interessen der Kirche ökonomisch begründet waren. Die für eine Gesellschaft im Vordergrund stehenden Aufgaben und Werte spiegeln die in dieser Gesellschaft vorrangige Machtstruktur wider; dabei können wirtschaftliche Grundlagen und ökonomische Interessen einer solchen Machtstruktur manchmal von verhältnismäßig geringer Bedeutung sein.

Es ist ein unbestreitbares Merkmal sozialer Organisation, daß in jeder Gesellschaft bestimmte Strukturen vorherrschen. Für Statusdifferenzierung und Rangordnung ergeben sich hieraus wichtige Folgen. Vergleicht man weniger und stärker betonte Institutionen einer Gesellschaft, so läßt sich über die Statusdifferenzierung in den stärker betonten Institutionen folgendes feststellen:

1. Statusdifferenzierung ist tendenziell komplexer, d. h., es gibt eine größere Anzahl und Verschiedenheit von Positionen.
2. Die Rollen sind dabei wahrscheinlich genauer spezifiziert.
3. Für jeden einzelnen Status ist der Bereich erwartbarer Leistungen tendenziell enger.
4. Es gibt einige anerkannte – wenn vielleicht auch nur grobe – Methoden der Messung von Rollenleistungen.
5. Tendenziell sind positive Sanktionen für erwartbare Leistungen und negative für Abweichung und Mißerfolg genauer formuliert, umfassender und härter. Außerdem werden sie einheitlicher verstanden und angewandt.

Als Beispiel kann der Vergleich von Berufs- und Familiensystemen in modernen Industriegesellschaften dienen: Im ersten Fall sind die Rollen komplexer, die Aufgabenerwartungen genauer formuliert, die Grenzen akzeptabler Leistungen enger, der Wunsch nach Meßbarkeit von Leistung ist größer, und die Sanktionen sind einheitlicher und spezifischer.

Unter diesen Umständen wird ferner die Wichtigkeit einer vergleichbaren Einordnung von Berufen deutlich. Beurteilungskriterien hierfür sind unter anderem Ausbildungsvoraussetzungen, Intelligenz- und Fertigkeitsanforderungen sowie die Schwierigkeit der Leistung. Im Familiensystem gelten dagegen alle Rollen als gleich wichtig und gleichermaßen schwierig. Sie erfordern gleichwertige, jedoch verschiedene Arten von Fertigkeit und Intelligenz. Unterschiedliche Fähigkeiten wie die des Vaters oder der Mutter werden jedoch nicht miteinander verglichen und bewertet. In der Tat gelten Vergleiche dieser Art hier als illegitim und störend, im Berufssystem dagegen als wesentlich.

Die Erklärung dafür, daß einige Kriterien unterschiedlich betont werden, muß bei den Werten gesucht werden, die den Produktionsprozeß steuern. Wenn – wie in den industriellen Ländern – Effektivität, Produktivität und Rentabilität vorrangige Werte sind, ist die Betonung von Ausbildungs- und Aufgabenstandardisierung verständlich. Daher werden deutliche Anstrengungen unternommen, individuelle Unterschiede möglichst klein zu halten. Ebenso sind bei Berufsvergleichen und -bestimmungen Fragen ausreichender Erziehung, Geschicklichkeit und Begabung leitende Beurteilungskriterien. Bei einer anderen Verknüpfung der bestimmenden Werte könnte beispielsweise für den Arbeitnehmer der »Sinn der Arbeit« von großer Bedeutung sein. Dann würden die Einstufungskriterien auch wesentlich andere sein.

4. Kapitel

Der Bewertungsprozeß

Ein dritter Prozeß, der zur Bildung, Gestaltung und Erhaltung von Schichtung beiträgt, ist der der Bewertung. Darunter wird die Zuordnung von Positionen auf verschiedene Ränge einer Wert- oder Einstellungsskala verstanden. Die Einstufungen in diese Skala können mit Hilfe verschiedener Begriffspaare vorgenommen werden: überlegen – unterlegen, besser – schlechter, vornehm – weniger vornehm, günstigere öffentliche Meinung – weniger günstige. Diese Begriffspaare bezeichnen die wichtigsten Beurteilungstypen, die in Bewertungen enthalten sind. Eine andere Möglichkeit der Einschätzung bieten gefühlsbetonte Abwertungen, z. B. »in Verruf bringen«, »Unpopularität« oder »neidische Antipathie«.

Wechselbeziehungen von Handlung und Bewertung

Es muß unterschieden werden zwischen Handlungen als Folgen von Bewertungen einerseits und Beurteilungen über den relativen Wert und die Geltung von Positionen andererseits. Treten als Folgen von Bewertungen Handlungen auf, dann stellen diese Handlungen *operationalisierte Bedeutungen* der Bewertungen dar. Sie geben Auskunft über die wahrscheinlichen Verhaltensweisen von A gegenüber B, den A für überlegener oder schätzenswerter als C hält. In einer solchen Situation mag A gegenüber B ehrerbietiger sein, er mag es vorziehen, mit B Kontakt zu pflegen, oder er möchte eher B als C gleichen. Weiter wird A geneigt sein, eher den Meinungen und Wünschen von B zu folgen, er wird sich mehr geachtet fühlen, wenn er von B anerkannt wird, und sich stärker für die Meinung von B über sich (A) selbst interessieren. Entsprechend wird A beschämter sein, wenn B wenig von ihm hält, als wenn C ihn so einschätzt. Schließlich wird A es eher erlauben oder damit zufrieden sein, daß seine Kinder engen Kontakt zu B haben und eher dessen Kinder als die von C heiraten.

a) Prestige

Es gibt mehrere Formen der Beurteilung. Die erste, *Prestige*, bezieht sich vor allem auf das Ansehen und hat ehrerbietiges und respektvolles Verhalten zur Folge. Solche Auswirkungen von Prestige sind in festgefügten Statushierarchien am leichtesten feststellbar: Ein Gemeindemitglied erweist einem Bischof oder Kardinal mehr Ehre und Respekt als einem Priester oder Pfarrer. Das gleiche gilt in der Militärhierarchie: Je höher der Vorgesetzte, desto respektvoller und ehrerbietiger tritt man ihm gegenüber. Ebenso wird in einem Unternehmen ein Nachwuchsmanager sich dem Präsidenten gegenüber aufmerksamer, rücksichtsvoller und respektvoller benehmen als einem Vizepräsidenten oder Bürochef gegenüber.

b) Bevorzugung

Der zweite Typ eines bewertenden Urteils ist *Bevorzugung*. Aussagen wie »ich möchte gerne wie er sein«, »meine Kinder sollen wie seine sein«, »ich wäre gerne mit ihm befreundet« usw. kennzeichnen die hierzu gehörenden Einstellungen. In diesen Fällen werden Bewertungen mit Einschätzungen des tatsächlich Erreichbaren und der sozialen Stellung verbunden. Es muß also zwischen Wunschvorstellungen ohne Realisierungschancen und verwirklichbaren Neigungen unterschieden werden.
Ein Beispiel für den ersten Fall ist der Wunsch, Lord, Präsident, König oder Papst zu sein; für den zweiten Fall würde dagegen das Bestreben dahin gehen, befreundet mit denjenigen zu sein oder denen zu gleichen, die man für gleich oder nur wenig überlegen hält.
Die Bevorzugung eines Status kann sich deutlich von seiner Prestigebewertung unterscheiden. Man kann einen Beruf wie den des Chirurgen, der sehr profunde Anatomiekenntnisse verlangt, hoch bewerten und gleichzeitig einen Beruf, der nicht so exakte Kenntnisse verlangt, bevorzugen. Bevorzugung und Prestige fallen wahrscheinlich nur dann zusammen, wenn der Bewertende über das entscheidende Rangkriterium verfügt oder es doch wirklich erreichen kann.* Im folgenden Diagramm sind mögliche

* Vgl. hierzu Band 6 der Reihe »Grundfragen der Soziologie«: Dieter *Claessens*, Rolle und Macht, München 1968 (A. d. H.)

Kombinationen von Prestige und Bevorzugung zusammengestellt:

	Prestige	Bevorzugung
1.	hoch	hoch
2.	hoch	niedrig
3.	niedrig	hoch
4.	niedrig	niedrig

Steht als Kriterium nur die Unterscheidung »hoch – niedrig« zur Verfügung, so sind in dem Diagramm alle theoretisch möglichen Fälle enthalten. Werden statt einer Zweier-Einteilung drei- oder mehrstufige Einteilungen verwandt, so wächst die Zahl der möglichen Kombinationen.

Der Bereich der Bewertung: Rollenspezifische Bewertung

Es muß zwischen zwei Schwerpunkten der Bewertung unterschieden werden: Auf der einen Seite *Status und Rolle*, auf der anderen Seite die *allgemeine soziale Lage*.
Liegt der Akzent auf einer besonderen Rolle oder Position, so wird die Bewertung rollenspezifisch genannt. Hierzu werden dieselben Kriterien wie zur Statuseinordnung benutzt: *persönliche Qualitäten, erlernte Fertigkeiten und Fähigkeiten sowie Funktionen, Folgen oder Auswirkungen der Rolle auf die Gesellschaft*. Als Grundlage der Zuordnung von Wert, Verdienst oder Geltung zu einem Status dient bei der rollenspezifischen Bewertung das Ausmaß der Erfüllung eines oder mehrerer der folgenden Kriterien: Fertigkeiten, Klugheit oder sozialer Nutzen. Zu der wertneutralen Ordnung wird also eine Schätzung des relativen Wertes oder der Geltung eines Ranges hinzugefügt.

Allgemeine Bewertung und Beurteilung der gesellschaftlichen Lage

Den zweiten Bewertungsschwerpunkt bildet die gesellschaftliche Lage eines Individuums. Gemeint ist hiermit die Position eines Individuums in der Hierarchie gesellschaftlicher Geltung, die auf einer Art *kumulativer* Schätzung aller seiner Positionen und damit verbundenen Belohnungen (z. B. Eigentum, Macht, psychische Gratifikationen) beruht. Sozialwissenschaftler haben sich viele Jahre lang ohne nennenswerten Erfolg um ein ausreichendes Bewertungsmodell der gesellschaftlichen Lage bemüht. Diese Bestrebungen müssen fortgesetzt werden, da man weiß, daß in sozialen Beziehungen die gegenseitige Beurteilung, Bewertung und Akzeptierung *nicht* nur durch Beruf, Einkommen oder Ausbildungserfolge bestimmt werden. Ihre Kennzeichnung erfolgt vielmehr durch eine Mischung dieser und vieler anderer Merkmale wie Geschlecht, Alter, Hautfarbe, Religion, Nationalität, Familienstand und Art der Familie usw. Diese Faktoren werden zu einer allgemeinen Bewertung zusammengezogen, ohne daß Klarheit darüber besteht, welche Faktoren man tatsächlich berücksichtigt, wie stark die einzelnen hierbei gewichtet werden, warum bestimmte Faktoren eingeschlossen werden und andere nicht und warum Gewichtungen so verteilt sind und nicht anders.

Zur Klärung der Frage, wie die einzelnen Faktoren die gesamtgesellschaftliche Bewertung beeinflussen, sind von der soziologischen Forschung und Theorie noch viele Probleme zu lösen. Andererseits wissen wir jedoch bereits einiges über die Beurteilung solcher Variablen wie Alter, Geschlecht, Rasse usw. in unserer oder einer anderen Gesellschaft. So sind zugegebenermaßen fragmentarische, aber wichtige Thesen folgender Art möglich: In der amerikanischen Gesellschaft wird man im allgemeinen für besser, überlegener und achtbarer gehalten, wenn man jeweils das erste Merkmal in folgenden Merkmalspaaren besitzt:

weiß – schwarz
Mann – Frau
Protestant – Katholik oder Jude
gebildet – ungebildet
reich – arm
Angestellter – Arbeiter
aus guter Familie – von geringer Herkunft
jung – alt
Städter – Vorstädter oder Landbewohner
angelsächsische Herkunft – nicht angelsächsische Herkunft
beschäftigt – unbeschäftigt
verheiratet – unverheiratet.

Diese Kriterien der Bevorzugung können am leichtesten für je ein Paar untersucht werden. Wird versucht, Rang aufgrund von mehr als einem Kriterium zu bestimmen, so vermehren sich die Schwierigkeiten außerordentlich. Darüber hinaus werden diese Kriterien von verschiedenen Bevölkerungsteilen recht unterschiedlich beurteilt. Im allgemeinen neigen Gruppenmitglieder dazu, Merkmale, die ihre Gruppe kennzeichnen, etwas höher als die anderer Gruppen einzuschätzen. So können Neger sich völlig über die geringe Bewertung von »schwarz« gegenüber »weiß« durch die weiße Bevölkerung im klaren sein und doch öffentlich einer solchen Bewertung nicht zustimmen. Dieser Unterschied von Selbst- und Fremdeinschätzung kann wahrscheinlich auf die gesamte obengenannte Merkmals-Skala angewandt werden.

Zu den Schwierigkeiten, die bei der begrifflichen Formulierung und der Messung der allgemeinen gesellschaftlichen Lage auftreten, wurde gewiß schon genug gesagt. Diese Schwierigkeiten werden durch die vielen verschiedenen Variablen, deren unterschiedliche Gewichtung und durch die Differenzen zwischen denen, die werten, verursacht. Da gleichzeitig die Beurteilung der allgemeinen gesellschaftlichen Lage eines Individuums für die Bestimmung der sozialen Beziehungen, Lebensbedingungen und Lebensstile sehr wichtig ist, kann es sich kein Wissenschaftler, der sich mit Problemen der sozialen Schichtung auseinandersetzt, leisten, diese Dimension der Bewertung zu ignorieren.

Drei Ebenen gesellschaftlicher Bewertung

Bewertungen als *gesellschaftlicher* Vorgang sind auf drei Ebenen zu unterscheiden. Zunächst besteht in jeder Gesellschaft das Bedürfnis zu bestimmen, ob ein gegebener Status oder eine Rolle gewisse Minimalforderungen erfüllt. Diese werden vor allem durch Begriffe wie Legitimität und Moral definiert. Für die Rolle des Diebes oder Verbrechers ist es typisch, daß sie solche Minimalanforderungen nicht erfüllt. Will eine Gesellschaft fortbestehen, dann sind Urteile darüber, was moralisch akzeptiert werden kann, notwendig. Deshalb sind alle Positionen diesem Bewertungskriterium unterworfen. Mit der Bewertung der Mindestanforderungen sind aber noch keine Status- und Rollenvergleiche verbunden. Vielmehr ist das Maß der Anerkennung einer Rolle unabhängig von verschiedenen anderen Standards, die verwandt werden können. Konsequenzen, die sich aus einer solchen Bewertung ergeben, sind vor allem negativer Art: Die

Bewertung einer Rolle als unmoralisch oder illegitim zieht meist Verfolgung und Bestrafung nach sich. Aus einer Bewertung dagegen, die einen Status oder eine Rolle als legitim betrachtet und ihnen die moralischen Mindeststandards zuerkennt, folgt wahrscheinlich nicht mehr, als daß dieser legitime Status zusammen mit anderen ein Anhaltspunkt für weitere Bewertungen sein kann.

Eine zweite Bewertungsebene besteht im *Vergleich* von Positionen und Rollen. Durch diesen Vergleich soll festgestellt werden, ob ein Status genauso annehmbar wie andere ist, ob er also wie diese zum Erhalt gewisser *Mindestbelohnungen* berechtigt. Diese Art der Bewertung wird bezeichnenderweise gegenüber Positionen in weniger »herausragenden« Institutionen angewandt, in den USA z. B. gegenüber der Familie, den örtlichen und den nationalen politischen Systemen. Hier fragt man etwa, ob jemand ein guter Vater, ein anerkanntes Gemeindemitglied oder ein guter Bürger ist. Geprüft wird also, wie gut jemand im Vergleich zu anderen seine Basisrollen im Leben erfüllt. Das Anrecht auf lebenswichtige Güter und Dienstleistungen wird so begründet. Man kann behaupten, daß auch diese Bewertungsebene für den Fortbestand einer Gesellschaft unerläßlich ist.

Die dritte Bewertungsebene bildet ein Vergleich von Positionen und Rollen aufgrund einer Vielzahl von möglichen Kriterien, nach denen unterschiedliche Belohnungen in Form von knappen Gütern, Dienstleistungen und Macht verteilt werden. Durch diese »neiderregenden Vergleiche« (invidious comparisons) und – als ihre Folge – die unterschiedlichen Belohnungen entsteht das Schichtsystem einer Gesellschaft. *Diese unterschiedliche Bewertung relativer Vorzüge und die daraus folgenden unterschiedlichen Belohnungen sind für das Überleben einer Gesellschaft nicht unerläßlich.*

Zusammenfassend kann man sagen: Die erste Bewertungsebene ist eine konkurrenzfreie Einschätzung von Mindestanforderungen, die – außer bei negativen Beurteilungen – folgenlos bleibt. Ein Vergleich von Positionen, die jedoch nur nach ihrem Anspruch auf lebenswichtige Güter betrachtet werden, bildet die zweite Bewertungsebene. Die dritte Ebene betrifft »neiderregende Auszeichnungen« (invidious distinctions) und unterschiedliche Belohnungen, die den Bereich des Lebensnotwendigen bei weitem überschreiten.

Drei Ebenen persönlicher Bewertung

Den drei *gesellschaftlichen* Bewertungsebenen entsprechen drei weitere, die auf *Individuen* bezogen sind.
Die erste kann als *Bedürfnis positiver Einschätzung* bezeichnet werden. In Begriffen der ersten Ebene gesellschaftlicher Bewertung heißt das, daß jedes Individuum den Mindeststandards von Legitimität und Moral zu entsprechen sucht. Der Zwang, diesen Standards zu genügen, wird vor allem durch die Forderung der Gesellschaft nach Konformität verursacht. Für die Aufrechterhaltung dieses Zwangs gibt es jedoch einen entscheidenden Grund: Kein Kind kann am Leben bleiben, wenn die für das Kind verantwortlichen Eltern es nicht wollen und nicht alles tun, was sein Überleben sichert. Von Geburt an ist jedes menschliche Wesen notwendig auf die »mächtigen anderen« (»powerful others«) angewiesen, die ein Interesse daran haben, es am Leben zu erhalten.* So ist das Kind darauf angewiesen, daß günstige Reaktionen auf sein Verhalten zusammentreffen mit der Erfüllung seiner grundlegenden Bedürfnisse nach Nahrung und Ruhe sowie nach dem Freisein von Plage und Schmerz.
Dieser Zusammenhang zwischen der Chance zum Überleben und der Gutwilligkeit anderer verstärkt die Zwänge, die jedes Kollektiv auf seine Mitglieder ausübt, damit diese die Mindestnormen an Legitimität und Moral erfüllen.**
Die zweite Ebene individueller Bemühung um günstige Bewertung betrifft das Bedürfnis oder den Wunsch, *für ebenso wertvoll wie andere* zu gelten, mit denen man verglichen wird. Erfährt das Kind Konkurrenten in Gestalt von Geschwistern, anderen Kindern oder gar einem Elternteil, so sucht es diese Art von Bewertung. Es entfernt sich daher von der ersten konkurrenzfreien Bewertungsstufe zu einer vergleichenden Beurteilung seiner Beliebtheit. Hierbei orientiert es sich an anderen, die mit ihm um Aufmerksamkeit, Verständnis und Befriedigungen konkurrieren. In diesem Fall werden die Belohnungen tendenziell auf lebenswichtige Güter und Leistungen beschränkt.
Die dritte von Individuen gesuchte Bewertungsstufe hat wie die Bewertung der Gesellschaft ihren Schwerpunkt in »neiderregen-

* Vgl. dazu Dieter *Claessens*, Familie und Wertsystem. Eine Studie zur »zweiten, soziokulturellen Geburt« des Menschen. 2., überarbeitete Aufl., Berlin 1967 (A. d. H.)
** Zu Emile Durkheims Begriff des sozialen Zwangs (contrainte sociale), der in diesem Zusammenhang von Bedeutung ist, vgl. man die Einleitungen von René *König* zu: E. *Durkheim*, Die Regeln der soziologischen Methode, Neuwied 1961, und Theodor W. *Adorno* zu: E. *Durkheim*, Soziologie und Philosophie, Frankfurt am Main 1967 (A. d. H.)

den Auszeichnungen«. Um diese konkurriert man mit vielen anderen auf der Grundlage verschiedener Bevorzugungskriterien. Dabei ist es das Ziel, für *besser* als andere *gehalten zu werden*, um weiter besondere Belohnungen zu erhalten, die häufig das lebensnotwendige Maß überschreiten.*

Die beiden ersten Formen individueller und gesellschaftlicher Bewertung sind überall zu finden. Die konkurrierende Bewertung dagegen erhält nur Bedeutung, wenn ein bestimmter kultureller Druck und eine entsprechende Schätzung solcher »neiderregender Auszeichnungen« besteht.

Das Bedürfnis und der Wunsch nach günstiger Fremdeinschätzung – auf welcher Ebene auch immer – sind bei allen Menschen vorhanden. Dem Wunsch nach einer günstigen Fremdeinschätzung entspricht das Verlangen nach einem günstigen *Selbstbild*, einer Spiegelung der Meinung anderer. Unsere Vermutungen darüber, wie andere von uns denken, prägen unsere Selbstbilder. Die Identität des Menschen als soziales Wesen wird durch die Skala der Meinungen und Einstellungen anderer bestimmt. In der Regel besteht Übereinstimmung zwischen den Meinungen anderer und den eigenen Bedürfnissen und Wünschen. In diesem Sinne ist die Suche nach günstiger Bewertung durch andere die Suche nach einer günstigen Selbstbewertung und umgekehrt. Der Einfluß, den die Suche nach günstiger Bewertung auf das menschliche Verhalten hat, beruht auf der Erkenntnis, daß Bewertung zumindest teilweise notwendig ist. Auf das primäre Bedürfnis, *für ebenso gut gehalten zu werden wie andere,* folgt relativ schnell ein ebenso wirksames Bedürfnis, *für besser als andere gehalten zu werden.*

Einige Auswirkungen der Bewertung

Aus der Bewertung, die ein Individuum erhält, ergeben sich wichtige Konsequenzen. Besonders wichtig werden sie, wenn Bewertungen öffentlich erfolgen. Beispielsweise hängt für ein Individuum seine Einstellung zur Gesellschaft in einem beträchtlichen Ausmaß davon ab, wie es sich von der Gesellschaft bewertet fühlt. In eine Gesellschaft integrierte Individuen unterschei-

* Zum Begriff der »Konkurrenz« vgl. Karl *Mannheim*, Die Bedeutung der Konkurrenz im Gebiete des Geistigen, in: Karl *Mannheim*, Wissenssoziologie. Auswahl aus dem Werk. Hrsgg. von Kurt H. *Wolff*, Berlin und Neuwied 1964, S. 566 ff., und Karl *Mannheim*, Über das Wesen und die Bedeutung des wirtschaftlichen Erfolgsstrebens. Ein Beitrag zur Wirtschaftssoziologie, a. a. O., S. 625 ff. (A. d. H.)

den sich stark von solchen, die sich ihr entfremdet fühlen. Integration bedeutet die positive Anerkennung gesellschaftlicher Normen und Standards – sowie die Übereinstimmung mit ihnen – und eine einigermaßen wirksame Teilnahme an den üblichen öffentlichen Tätigkeiten. Wie gut jemand sich beurteilt fühlt, kann demnach wichtige Konsequenzen für sein Verhalten haben.

Als weitere Folgen des Bewertungsprozesses können Anstrengungen gelten, mit einem niedrigen öffentlichen Rang fertigzuwerden. Menschen mit geringem Prestige mögen beispielsweise zu ihrem Selbstschutz die Wichtigkeit einer höheren Bewertung leugnen und damit ihre fehlenden Anstrengungen und Initiativen begründen. Solch ein Rückzug kann sowohl für das Individuum wie für die Gesellschaft recht negative Folgen haben. Offensichtlich handelt es sich hierbei um einen kritischen sozialen Prozeß.*

Die dritte Dimension der Bewertung

Zunächst wurde in diesem Kapitel zwischen *Prestige* und *Bevorzugung* unterschieden. Die Analyse des Berufsstatus in modernen Industriegesellschaften läßt die Einführung einer dritten Bewertungsform – *Popularität* – sinnvoll erscheinen. Viele Berufe genießen beträchtliche öffentliche Aufmerksamkeit, allgemeine Bekanntheit oder Ruhm, ohne jedoch über wirkliches Prestige oder Anerkennung – wie sie etwa ein Richter des Obersten Bundesgerichts genießt – zu verfügen. Nur wenige Menschen werden Popularitätsberufe für sich und ihre Kinder bevorzugen und für wünschenswert halten. Das liegt einfach daran, daß diese Berufsziele entweder als nicht realisierbar oder als nicht erstrebenswert gelten.

Die Einführung der Popularitätsdimension und die dadurch bedingte Unterscheidung von drei Bewertungsdimensionen bringt eine Reihe wichtiger Vorteile mit sich. Zunächst schützt diese Dreiteilung vor einer ungerechtfertigten rechnerischen Behandlung sozialer Fakten. Es stehen weder akzeptable Verfahrensweisen zur Zusammenfassung dieser drei Werttypen – Prestige, Popularität und Bevorzugung – zur Verfügung noch irgendwelche Berechnungsmöglichkeiten der relativen Bedeutung und

* Vgl. dazu Leon *Festinger*, A Theory of Cognitive Dissonance, Stanford 1957 (A. d. H.)

der Gewichtung solcher Kriterien wie Erziehung, Einkommen, soziale Wichtigkeit, Fertigkeiten, Besuchszahlen, Verkaufsberichte usw. Deshalb scheint zunächst eine qualitative Unterscheidung sinnvoller.

Weiter trägt die Unterscheidung dreier Bewertungsdimensionen der Tatsache Rechnung, daß ein Status oft viel Ehre und wenig Besitz mit sich bringt und umgekehrt. Ohne die Unterscheidung von Prestige und Popularität wäre es erstaunlich, daß ein Filmstar oder ein Sportler sehr viel mehr als der Präsident der Vereinigten Staaten verdienen kann. Hin und wieder wird behauptet, eine solche Asymmetrie zeige die inneren Widersprüche des öffentlichen Bewertungssystems. Vorausgesetzt wird hierbei, daß Belohnungen symmetrisch und proportional zu allen Formen der Bewertung sein *sollten*. Das Gefühl von Asymmetrie verschwindet jedoch, wenn man erkennt, daß solcher Besitz nicht nach Ehre, sondern eher in Übereinstimmung mit Popularität und Marktwert verteilt wird. Wird man öffentlich geehrt, so erhält man weit weniger an Zuwendungen, als wenn man Ruhm und Popularität genießt.

Die Unterscheidung verdeutlicht ferner, daß Eigentumsbelohnungen einerseits, Popularitäts- und Prestigeanteile andererseits oft durch verschiedene Faktoren bestimmt werden. Um die Gehälter von Regierungsbeamten festzusetzen, werden oft deutlich andere Kriterien herangezogen als solche, die für Schlagersänger und Boxer passen. Für Beamte gelten als Kriterien etwa soziale Wichtigkeit und besondere Fähigkeiten. Die Einkünfte von Schlagersängern und Boxern werden dagegen vor allem nach den Grundsätzen der Einnahmen von privaten Unternehmern, Impresarios und Managern kalkuliert. Maßgebend sind die von den Stars erreichten Zuhörer- und Käuferzahlen für ihre verschiedenen Produkte.

Ein letzter Vorteil der dreifachen Unterscheidung von Prestige, Bevorzugung und Popularität liegt in den größeren Möglichkeiten einer gründlichen Messung der jeweiligen Bewertungsform. Prestigeuntersuchungen interessieren sich besonders für die Ehre, die Achtung und den Respekt, die nach Ansicht der Befragten einem Status rechtmäßig zukommen. Bei Popularitätsmessungen werden dagegen andere Methoden verwandt. Hier werden Art und Intensität der von den Befragten geäußerten Wünsche untersucht – z. B. wen sie sehen und hören wollen. Zu ihrer Feststellung werden Besucherzahlen und Verkaufsberichte verwandt. Wird schließlich die Dimension der Bevorzugung erforscht, so wird nach der Häufigkeit und Intensität gefragt, mit der ein Status angestrebt wird. Untersucht werden also verschiedene Haltungen und Einstellungen sowie deren Ursachen. Offensichtlich ist soziale Bewertung ein komplexer Prozeß, den sowohl verschiedene *Arten von Werten* bestimmen als auch unterschiedliche *Kriterien* oder Gründe, nach denen Werte zugeteilt werden.

Bewertungskriterien

Vor der Analyse der Kriterien, nach denen verschiedenen Positionen Geltung und Werte zugeschrieben werden, sind zwei Probleme zu lösen. Zunächst fragen wir, wie die verwendbaren Kriterien geordnet werden können; sodann müssen die Faktoren ermittelt werden, die in jeder Gesellschaft die Auswahl der Kriterien bestimmen.

Zum ersten Problem ist zunächst nur festzustellen, daß buchstäblich alles im Bereich des Charakters, der Persönlichkeitsmerkmale, der äußeren Erscheinung und der angeborenen oder erworbenen physischen und geistigen Fähigkeiten als Bewertungskriterium verwendet werden kann, ferner jede beliebige Zahl von »gesellschaftswichtigen Leistungen« (contributions to the society). Tatsächlich ist bis jetzt eine außerordentlich große Zahl solcher Kriterien zu jeder Zeit und an jedem Ort benutzt worden. Als relativ häufigste Bewertungskriterien können gelten: Schönheit, Mut, Heiligkeit, Sauberkeit, Alter, Geschlecht, Verwandtschaft, Adel, Wert, Macht, Fertigkeit, Intelligenz, Stärke, Wissen und Moralität.

Diese Kriterien beziehen sich auf Persönlichkeitsmerkmale. Andere Kriterien gelten vor allem für typische Rollenmerkmale, wie z. B. den Nutzen, die Funktionen und dic Folgen verschiedener Rollen für das persönliche und gesellschaftliche Wohlbefinden. Hierzu gehören die Erhaltung von Gesetz und Ordnung, die Versorgung mit Gütern und Dienstleistungen, Sozialisierung und Erziehung von Kindern, Erhaltung der Beziehungen zu Göttern und anderen übernatürlichen Wesen, Prophylaxe, Behandlung und Heilung von Krankheit, Angebote zur Unterhaltung sowie die Förderung von Kunst und Wissenschaft.

Abstrakt beschrieben erbringen diese Funktionen diejenigen Leistungen, die für das Weiterbestehen einer Gesellschaft notwendig sind. Per definitionem folgt daraus, daß diese Funktionen in allen Gesellschaften einigermaßen positiv bewertet werden. Doch es stimmt ebenso, daß die Rangordnung dieser Funktionen in verschiedenen Gesellschaften unterschiedlich ist.

Welche Faktoren bestimmen nun in einer konkreten Gesellschaft die Auswahl der Kriterien für Bedeutung (emphasis), neiderregenden Vergleich und Belohnung? Offensichtlich werden die in einer Kultur am meisten bewerteten Rollen (und die damit verbundenen persönlichen Qualitäten und Fertigkeiten) besonders betont. Diese Antwort ist klar und scheint selbstverständlich zu sein, sie ist aber dennoch wichtig, zeigt sie doch die enge Verbindung des übergreifenden Wertsystems einer Gesellschaft mit ihrem Schichtungssystem, wie es durch die unterschiedliche Bewertung von Positionen festgelegt ist.

In diesem Gedanken ist keine Annahme darüber enthalten, daß in allen Teilen einer Bevölkerung Einigkeit über die wichtigsten und höchstbewerteten Aufgaben besteht. Ein gewisses Maß an Uneinigkeit besteht immer. Je dichter bevölkert und komplexer die Gesellschaft, desto unterschiedlicher sind – allgemein gesprochen – Bedeutung und Bewertung in den einzelnen Bevölkerungsteilen. Trotzdem besteht auch in komplexen Gesellschaften ein gewisser Konsensus darüber, welche Rollen und Qualitäten im allgemeinen Wertesystem betont werden sollen und wie Abweichungen zu beurteilen sind.

Wahrscheinlich ist dieses Einverständnis eine Funktion der Macht, und zwar in zweifacher Hinsicht: Einmal werden die am engsten mit den Interessen der Elite verbundenen Positionen besonders betont und bewertet. Zum anderen ist die Machtelite wahrscheinlich in der Lage, die Einstellungen der restlichen Bevölkerung zu beeinflussen. Verfügen, wie in absoluten Monarchien, der Monarch und die miteinander verbundenen Adelshierarchien über die Macht, so ist Abstammung wahrscheinlich das wichtigste Kriterium vergleichender Wertung. In Gesellschaften, in denen der Reichtum dominiert, ist Besitz das wichtigste Bewertungskriterium. Dagegen sind Alter und Generation die entscheidenden Zurechnungsprinzipien, wenn die Macht traditionell in den Händen der ältesten Mitglieder einer Gesellschaft ruht. Schließlich werden in modernen Industriegesellschaften, in denen es verschiedene Machtquellen gibt, verschiedene Kriterien – einschließlich Reichtum, Familie, Ausbildung und Beruf – zur vergleichenden Bewertung verwandt.

Aus der Untersuchung, wie stark verschiedene Rollen betont werden, können wertvolle Einsichten in das zentrale Wertsystem gewonnen werden. Eine Kastengesellschaft wie die indische betont, zumindest formell, religiöse Positionen und Rollen; eine moderne Industriegesellschaft, z. B. die USA, hebt dagegen Rollen in der Produktion von Gütern und Dienstleistungen hervor. Agrarische und primitive Gesellschaften wiederum betonen Familienrollen.

Diese Bewertungsschwerpunkte kennzeichnen die wichtigsten Züge einer Gesellschaft. Verschiebungen solcher Schwerpunkte lassen daher auf beginnende größere soziale Änderungen schließen. Diese liegen beispielsweise vor, wenn eine Gesellschaft anfängt, gegenüber Verwandtschaftsrollen relativ indifferent zu werden, und statt dessen den Produktionsrollen wachsende Bedeutung zumißt.

Kulturen bewerten nicht nur die verschiedenen Funktionen, sondern erzeugen auch Knappheitsvorstellungen über die Fertigkeiten, die zur Erfüllung der verschiedenen Funktionen erforderlich sind. Die Aufgabe, mit den Göttern zu verkehren, kann beispielsweise kulturell so bestimmt und strukturiert werden, daß nur eine sehr kleine Zahl von Personen für fähig gehalten wird, die Erfüllung dieser Aufgabe zu gewährleisten. Andererseits kann diese Aufgabe auch so bestimmt werden, daß jedermann sie erfüllen kann.

Ein anderes Beispiel ist die Kindererziehung. Normalerweise wird angenommen, daß jeder Erwachsene diese Aufgabe wahrnehmen kann. Es ist aber auch möglich, hiermit nur eine sehr kleine, speziell ausgebildete Elite zu betrauen. Dies ist beispielsweise der Fall, wenn man sich darüber einig ist, daß zu einer vollständigen Erziehung eine sorgfältige Psychodiagnose und therapeutische Behandlung gehören sollten.

Die Subjektivität der Bewertung und ihre Folgen

Bewertung bedeutet unter anderem wechselseitige Beurteilung von Menschen. Deshalb ist Subjektivität ein wichtiges und unvermeidbares Merkmal solcher Bewertung. Sie spielt bei Bewertungsprozessen eine größere Rolle als bei Eigentum und Macht. Für Machtprobleme können Subjektivität und Objektivität von Bedeutung sein; bei Eigentum dagegen ist Subjektivität nur begrenzt wichtig.

Verschiedene Faktoren tragen der Bedeutung von Subjektivität für diese drei Bewertungstypen Rechnung. Zunächst sind die

objektiven Beziehungen, also auch die objektiven Indikatoren und Maße verschieden. Das Eigentum einer Person kann unabhängig von subjektiven Urteilen gemessen werden. Ebenso kann die Macht eines Individuums, wenn auch unvollständig, dadurch erfaßt werden, daß man feststellt, wie häufig es ein erstrebtes Ziel erreicht. Bei Bewertungen beruhen jedoch alle Messungen notwendigerweise auf subjektiven Meinungen und Gefühlen.
Ein zweiter, damit verbundener Unterschied betrifft die verschiedenen Einschätzungen der Individuen gegenüber ihrem Anteil an jeder der drei Belohnungsformen. Diese Differenz tritt wahrscheinlich bei der Schätzung von Wert, Prestige oder Ehre stärker zutage als bei der von Macht und Eigentum. Diese Unterschiede hängen vom Vorhandensein objektiver Kontrollen ab. Durch sie werden der Subjektivität bei Macht- und Eigentumsmessungen stark einschränkende Grenzen gesetzt. Bei Wertschätzung dagegen sind unterschiedliche Beurteilungen besonders groß, ganz einfach deshalb, weil jede Bewertung stark vom Bewertenden abhängt. Ein unabhängiger Wissenschaftler kann natürlich die Übereinstimmung von Selbst- und Fremdeinschätzung besser beurteilen. Jedoch wird durch die Wirklichkeitsnähe eines Testes jemand nicht notwendig bewogen, seine Selbsteinschätzung nach den Beurteilungen anderer auszurichten. Wissenschaftliche Aussagen über Macht und Eigentum dagegen beeinflussen eher die Erkenntnis eines Individuums, daß sein eigenes Urteil von den Tatsachen abweicht. Die Einflußstärke anderer Meinungen auf die eigene ergibt einen dritten Unterschied zwischen den drei Belohnungsformen (rewards). Natürlich kann jemand die bloße Fassade eines Wohlstandes aufbauen, den er in Wirklichkeit nicht hat. Und viele Leute ziehen es offensichtlich vor, im Interesse einer Verbesserung ihrer Gegenwart die Zukunft zu belasten.
Auch in Machtbeziehungen kann Subjektivität wichtig sein: Personen, *die Macht vortäuschen,* können sich vor anderen mehr Achtung verschaffen und damit größere Macht erlangen, als ihnen ihr Status verleiht. In einem gewissen Sinn hat ein Mensch *die* Macht, von der er andere überzeugen kann. Macht ist deshalb sowohl von den Fertigkeiten und der Stärke desjenigen abhängig, der sie beansprucht, als auch von der Leichtgläubigkeit und Schwäche derjenigen, von denen Unterwürfigkeit verlangt wird.
Handlungen von Individuen, die sich auf mehr Wertschätzung verlassen, als ihnen zugestanden wird, haben wichtige Folgen.

Das gleiche ist der Fall, wenn jemand unter viel mehr Ablehnung leidet, als ihm tatsächlich entgegengebracht wird. Die Überschätzung tatsächlicher Ehre und Achtung erfüllt nämlich viele stabilisierende Funktionen in einer geschichteten Gesellschaft. Eine erste Stabilisierung ergibt sich, wenn unterprivilegierte Individuen sich über ihre tatsächliche Stellung täuschen, sich anerkannt fühlen und demzufolge die Normen einer Gesellschaft genau befolgen. Die Kenntnis ihrer wahren Lage hätte wahrscheinlich Unzufriedenheit, Entfremdung und Abweichung von den gesellschaftlichen Normen zur Folge.

Ein zweiter Stabilisierungsmechanismus der subjektiven Bewertung wirkt aufgrund der *Hackordnung* (pecking order)*. Schichten, Gruppen und Individuen, die sich wenig geachtet und abgelehnt fühlen, verbessern ihr Selbstbild, indem sie andere, die zur gleichen oder einer niedrigeren Schicht gehören, abwerten und ablehnen. Dadurch verringern die »Gehackten« als »Hacker« ihr Minderwertigkeitsgefühl. Wahrscheinlich sind sie dadurch weniger den Normen einer Gesellschaft entfremdet, als wenn sie über keinen Sündenbock verfügten.**

Ein dritter Stabilisierungsmechanismus wirkt dadurch, daß die unteren Schichten gegenüber den abschätzigen Meinungen anderer unempfindlich sind und lediglich Betrachtungen des jenseitigen Lebens, das für ein bescheidenes und pflichtgetreues Dasein ewiges Heil verspricht, Bedeutung zumessen. Der Glaube an einen Lohn im Jenseits leitet durch Minderwertigkeitsgefühle entstehende Spannungen ab. Entfällt jedoch dieser Trost, dann können diese Spannungen zu bedeutender Unzufriedenheit mit der Gesellschaft führen.

Die Vortäuschung von Macht, die Abwertung anderer und die Täuschung über die wirkliche Lage sind drei Mechanismen, durch die die Subjektivität von Bewertung zur Stabilisierung einer Gesellschaft beiträgt, in der soziale Werte auf verschiedene Bevölkerungsgruppen ungleich verteilt sind.

Eine unterschiedliche oder ungleiche Beurteilung kann auch eine wichtige Ursache sozialen Wandels sein. Ein Individuum kann sich in politische Aggression gegen die Gesellschaft und ihre Standards flüchten, wenn es sich degradiert und abgelehnt fühlt und über keine Kompensationsmöglichkeiten verfügt, die zur Wie-

* Der Begriff stammt von Th. *Schjelderup-Ebbe:* Zur Sozialpsychologie des Haushuhnes, in: Zeitschrift für Psychologie 87 (1922/23). (A. d. H.)

** Norbert Elias weist auf den Identifikationsmechanismus hin, der auch stabilisierend wirkt. Vgl. dazu Norbert *Elias* und John L. *Scotson*, The Established and the Outsiders, London und Edinburgh 1965 (A. d. H.)

derherstellung seiner Selbstschätzung dienen, wie z. B. Illusionen, das »Hacken« anderer oder ein jenseitsbezogener Glaube.

Einige empirische Ergebnisse: die amerikanische Situation

Soziologische Erfahrungen, die bei der Messung von Berufswertungen in westlichen Industriegesellschaften gemacht wurden, verdeutlichen einige Verwicklungen und Schwierigkeiten, die bei dem Versuch, Ordnung in unser Verständnis des Bewertungsprozesses zu bringen, auftauchen. Im Jahre 1947 wurde von Paul Hatt und Cecil North die Pionierarbeit auf dem Gebiet der Berufsbewertung begonnen. Eine Stichprobe von Amerikanern aus den gesamten USA wurde gebeten, 90 verschiedene Berufe mit Hilfe einer Fünf-Punkte-Skala zu bewerten. Hatt und North waren also in der Lage, 90 Berufe in einer einzigen Rangordnung einzustufen. An ihrer Spitze befanden sich Berufe wie Richter des Obersten Bundesgerichts, Arzt und US-Kabinettsmitglied. Mittlere Positionen nahmen Berufe wie Sozialarbeiter, Unternehmer und Einzelhändler ein. Am unteren Ende lagen Berufe wie Barmixer, Pförtner, Straßenkehrer usw.

Es ist unmöglich, aus den Hinweisen, die den Interviewten gegeben wurden, oder aus der Art und Weise, nach der sie die Berufe ordneten, festzustellen, nach welchen Kriterien die Berufe beurteilt wurden. Kriterien, die in einigen Fällen offensichtlich verwandt wurden, wurden nicht durchgehalten. Zum Beispiel kann die Einstufung eines Richters auf Spitzenpositionen der Rangordnung nicht sehr viel mit seinem Einkommen, seiner Berühmtheit oder Popularität zu tun haben. Andererseits befinden sich Einkommen und Popularität unter den Kriterien, die zur Bewertung von Berufen verwandt wurden. Man kann höchstens annehmen, daß drei oder vier Kriterien häufiger als andere verwandt wurden: für erforderlich gehaltene Fertigkeiten, Erziehung, die Wichtigkeit einer Rolle für die Gesellschaft, ferner Einkommen und damit der durch den Beruf ermöglichte Lebensstil. Außerdem kann angenommen werden, daß verfügbare Macht, Sauberkeit des Berufs sowie Autonomie in der Festlegung des Arbeitsplanes ebenfalls in einigen Einstufungen enthalten sind.

Es ist jedoch zweifelhaft, daß irgendeiner der Befragten diese Kriterien unparteiisch und gleichmäßig in allen seinen Schätzungen benutzte. Genauso zweifelhaft ist, ob die Befragten als Gesamtheit dieselben Kriterien in der gleichen Weise anwandten. Weiter muß unterstellt werden, daß die Interviewten nicht ihre persönliche Ansicht über die allgemeine Plazierung einer Person, die in einem bestimmten Beruf tätig ist, geäußert haben – obwohl sie darum gebeten wurden. Wahrscheinlich orientierten sich ihre Antworten an Rangvorstellungen, von denen sie annahmen, daß »die anderen« sie im allgemeinen auch hätten. Schließlich darf nicht vergessen werden, daß die Interviewten gebeten wurden, die Rangordnung teilweise nach der Wünschbarkeit des jeweiligen Berufes für ihre Kinder vorzunehmen. Hier wurde von den Befragten sicherlich einiges Gewicht darauf gelegt, die *Erreichbarkeit* der Berufe für ihre Kinder zu berücksichtigen. Soweit die realistische Wahrnehmung von Möglichkeiten ein Einstellungskriterium war, muß angenommen werden, daß Berufe mit niedrigem Prestige hoch eingestuft wurden, da diese Berufe als ehrbar und erreichbar gelten.

Die Existenz dreier Bewertungsdimensionen erschwert die Aufgabe, ein adäquates Maß einer *zusammengesetzten* Bewertung für die einzelnen Berufe zu finden. Zur Vermeidung dieser Schwierigkeiten empfiehlt sich eine getrennte Betrachtung und Messung der drei Dimensionen. Für die weitere Analyse ist die Konstruktion von Bewertungsprofilen ein nützlicher methodischer Kunstgriff. Bewertungsprofile sind aus Position und Status auf den drei Dimensionen zusammengesetzt. Wird nur die Stufung hoch – niedrig verwandt, so ergeben sich bei drei Dimensionen – Prestige, Bevorzugung und Popularität – acht wichtige Profiltypen:

	Prestige	Bevorzugung	Popularität
1.	hoch	hoch	hoch
2.	hoch	hoch	niedrig
3.	hoch	niedrig	hoch
4.	hoch	niedrig	niedrig
5.	niedrig	hoch	hoch
6.	niedrig	hoch	niedrig
7.	niedrig	niedrig	hoch
8.	niedrig	niedrig	niedrig

Wahrscheinlich ergeben sich wichtige empirische und theoretische Folgerungen, wenn es gelingt, den acht Bewertungstypen und den in ihnen enthaltenen Berufen typische Einkommen und andere Belohnungen zuzuordnen. Eine weitere wichtige Forschungsaufgabe besteht in der Klärung des Zusammenhanges von einzelnen öffentlichen Berufsbildern und ihrer Abhängigkeit von unterschiedlichen Bewertungskombinationen und Belohnungen, die sie charakterisieren.

Natürlich sind bei der Plazierung und Beurteilung erhebliche Schwankungen zu erwarten. Diese Vermutung wird durch die Ergebnisse von Hatt und North bestätigt. Die Zuschreibung eines durchschnittlichen Prestigeindexes bedeutet daher nicht, daß die amerikanische Öffentlichkeit mit diesen relativen Zuordnungen einverstanden war. Der Durchschnittswert bezeichnet die zentrale Tendenz einer großen Streuung von Einschätzungen. Zu den Faktoren, die wahrscheinlich die Unterschiede zwischen den einzelnen Befragungsgruppen verursachten, zählten die Berufe der Befragten, ihr Wissen, ihre Information über den jeweiligen Beruf sowie ihr Alter. Wenn schon die Bewertungen der amerikanischen Bevölkerung stark streuten, so sind noch weitere Differenzen zu erwarten, wenn die USA als Gesamtheit mit anderen Nationen verglichen werden.

In Anbetracht der Wahrscheinlichkeit, daß im internationalen Bereich die Bewertungen variieren, ist folgendes Ergebnis sehr interessant: Unter Vernachlässigung einiger offensichtlicher Unterschiede in den untersuchten Gesellschaften hat sich gezeigt, daß industrialisierte Gesellschaften dazu neigen, Berufe in etwa auf die gleiche Weise einzuordnen.* Alex Inkeles und Peter Rossi verglichen zu diesem Zweck in sechs modernen Industriegesellschaften Berufsskalen (USA, Deutschland, Großbritannien, Neuseeland, Japan, Sowjetunion). Ihre Untersuchung ergab folgendes: »Trotz der unterschiedlichen sozio-kulturellen Hintergründe der genannten Berufsskalen wiesen sie einen außerordentlich hohen Grad an Übereinstimmung in bezug auf die Einschätzung einer großen Anzahl von bürgerlichen Berufen auf, der stark von der erwarteten Zufallsverteilung abwich. Dies weist deutlich auf das Vorhandensein einer relativ invarianten Hierarchie von Prestigeeinschätzungen in industriellen Systemen hin, selbst wenn die Hierarchie in den Zusammenhang größerer sozialer Systeme eingebettet ist, die sich auf andere Weise in wichtigen Aspekten unterscheiden.«

Vielleicht ist ein anderes Ergebnis von 1964 noch überraschender: »In den Vereinigten Staaten hat sich seit 1925 in der Einschätzung von Berufen keine wesentliche Änderung ergeben.«[7]

* Vgl. dazu Karl Martin *Bolte* und Friedhelm *Neidhardt:* Berufssoziologie, Opladen 1967 (A. d. H.)

Die Autoren entdeckten eine außerordentlich hohe Korrelation (0.99) zwischen Prestigepunkten, die aus der North-Hatt-Studie von 1947 abgeleitet wurden, und einer 1963 vorgenommenen Wiederholung dieser Untersuchung. Jedoch weisen sie behutsam darauf hin, daß sich zwischen 1947 und 1963, wenn auch nur kleine, so doch systematische Veränderungen ergeben haben; so ist das Prestige der wissenschaftlichen Berufe angestiegen, das der »kulturell orientierten Berufe« ist zurückgegangen, und die Kunsthandwerker weisen einen leichten Aufwärtstrend auf. Um der Stabilität des Prestiges von Berufen über mehrere Jahrzehnte hinweg Rechnung zu tragen, bieten Hodge, Siegel und Rossi vor allem drei Hypothesen an: (1) Die Faktoren – Erziehung, Geldvergütungen, »funktionale Bedeutung eines Berufes« –, nach denen Berufe eingeordnet werden, sind in einer industriellen Gesellschaft keinen schnellen Änderungen unterworfen. (2) Es besteht ein wichtiger struktureller Zusammenhang zwischen der sozialen Bewertung eines Berufes und seinen Ausbildungsvoraussetzungen, seiner Belohnung und seiner Wichtigkeit für die Gesellschaft; daher würden »irgendwelche dramatischen Änderungen in der Prestigestruktur von Berufen« diesen ganzen Zusammenhang aus dem Gleichgewicht bringen. (3) Die Bedeutung der Faktoren Leistungsorientierung, Karriere, Seniorität und Mobilität muß sich ändern, wenn das Berufsprestige großen Veränderungen unterworfen wird. Eine weitere Folge solcher Veränderungen wäre ein starkes Anwachsen der intragenerativen Mobilität zwischen Prestigeklassen.
Obwohl die zweite und die dritte Begründung der Autoren jeweils ein Zirkelschluß zu sein scheint, ist die Behauptung, daß sich die Bewertungskriterien in einer industriellen Gesellschaft nicht schnell ändern, eine wichtige Hypothese, auch wenn die Gründe dafür nicht spezifiziert sind. Eine Untersuchung der Veränderungsrate von Bewertungskriterien durch verschiedene Faktoren könnte interessante Ergebnisse erbringen.
Die Stabilität von Bewertungskriterien über Zeit und Raum läßt auf das Beharrungsvermögen wichtiger Wertorientierungen in den untersuchten Gesellschaften schließen. Es scheint, daß sich eine besondere Wertkultur entwickelt hat, die eng mit der modernen industriellen Produktion verbunden ist und die, trotz der großen Bedeutung von technischen Erfindungen und Wandel in diesen Gesellschaften, ausgesprochen stabil ist.*

* Vgl. dazu Band 13 der Reihe »Grundfragen der Soziologie«: Neil J. *Smelser*, Soziologie der Wirtschaft, München 1968 (A. d. H.)

5. Kapitel

Der Prozeß der Belohnung

Nun beschäftigen wir uns mit jenem Prozeß, in dem Statuspositionen ein unterschiedliches Maß an wünschenswerten Gütern zugeteilt wird. In jeder Gesellschaft gibt es Normen, die bestimmen, wie die Belohnungen verteilt werden. Diese Regeln können stark variieren und dazu führen, daß große Teile einer Bevölkerung äußerste Entbehrung erdulden, während andere in relativem Wohlstand und Luxus leben. Sie können aber auch eine relativ gleiche Verteilung für alle verlangen. Ein gewisses Maß ungleicher Belohnungen gibt es natürlich in jeder Gesellschaft. Gleichheit wird am ehesten in den Gesellschaften erreicht, die den individuellen Anteil der Belohnung mehr nach den aufgewiesenen Bedürfnissen als nach anderen Kriterien bestimmen. Im Gegensatz hierzu ist Ungleichheit dort am stärksten ausgeprägt, wo eine Machtelite und ihre Ideologie die Vorstellung uneingeschränkter Konkurrenz pflegen. Dabei bestimmt – bei einem Minimum öffentlicher Kontrolle über das Angebot an Gütern und Dienstleistungen – die Macht eines Individuums sein Ausmaß an Belohnungen, und das Ergebnis ist normalerweise äußerste Ungleichheit. Der moderne Wohlfahrtsstaat nimmt in der Regel eine Mittelstellung zwischen den beiden Extremen von Gleichheit und Ungleichheit ein.

Eine wichtige Unterscheidung muß zwischen knappen und reichlich vorhandenen Belohnungen gemacht werden. Theoretisch sind Belohnungen wie Ansehen, Liebe, Respekt und Freiheit reichlich, wenn nicht sogar grenzenlos vorhanden. Das Maß dieser Belohnungen, das jemand erhält, ist in keiner Weise durch den Teil, den andere erhalten, eingeschränkt. Im allgemeinen sind die reichlich vorhandenen Belohnungen eher geistiger oder psychischer als materieller Natur. Sie sind insofern eher innerlich als äußerlich, als man sich ihrer Zuteilung *im Prozeß* der Rollenausübung vergewissern muß. Gegen die Auffassung solcher reichlich vorhandenen psychischen Gratifikationen als Belohnungen kann argumentiert werden, daß die Wünschbarkeit eines Gutes proportional zu seiner Knappheit wächst. Doch als Regel ist dieses Argument offensichtlich nicht haltbar. Einige der höchst bewerteten Dinge im Leben wie Liebe, Glück und Freiheit sind fast ohne Ausnahme reichlich vorhanden. Erst wenn gewisse hochgeschätzte Güter und Dienste knapp sind, wird ihre Verteilung zu einem ernsthaften Problem. In diesem Bereich wird soziale Schichtung relevant, da sie sich gerade mit der ungleichen Verteilung knapper und erwünschter Belohnungen auseinandersetzt.

Belohnungen können unter drei allgemeinen Gesichtspunkten klassifiziert werden: (1) *Eigentum* oder Recht und Verantwortung über Güter und Dienstleistungen; (2) *Macht* oder die Fähigkeit, Ziele auch gegen Widerstand zu verfolgen; (3) *psychische Belohnung*, d. h. jede immaterielle Hilfeleistung oder Reaktion anderer, die Zufriedenheit, Wohlbefinden oder Freude hervorruft.

Eigentum

Wird die Bewertung der verschiedenen Eigentumsformen in Geld akzeptiert, so ist *Eigentum* relativ leicht zu messen. Durch dieses Verfahren sind die Eigentumsbelohnungen verschiedener Positionen vergleichbar, können Zusammenhänge mit anderen Faktoren untersucht sowie deren Auswirkungen analysiert werden. Normalerweise vereinfachen Schichtungssoziologen ihr Untersuchungsobjekt noch weiter, indem sie nur einige Eigentumsformen wie laufendes Geld-Einkommen als Maß- und Vergleichseinheit verwenden. Das hat Vorteile: Es ist relativ einfach, einigermaßen genaue Einkommensdaten zu sammeln und diese zum Vergleich allgemeiner Eigentumsunterschiede zu verwenden. Die Tatsache, daß sehr wohlhabende Bevölkerungsteile sehr viel mehr Eigentum als bloß ihr Geldeinkommen besitzen, bleibt dabei unberücksichtigt.

Der Prozeß, durch den Eigentum verteilt wird, vollzieht sich in verschiedenen Gesellschaften sehr unterschiedlich. In einigen bestimmt eine zentralisierte Gewalt die Eigentumsbelohnungen und sichert deren Einheitlichkeit für verschiedene Ränge. In Gesellschaften, in denen Begriffe wie »Freies Unternehmertum« und »laissez faire« eine große Rolle spielen, sind die Eigentumsbelohnungen für eine Position vor allem von Marktmechanismen abhängig. Über den Marktmechanismus werden Knappheit und Nachfrage in bezug auf Dienste, die ein Positionsträger leistet, geregelt.*

* Vgl. hierzu Band 13 der Reihe »Grundfragen der Soziologie«: Neil J. *Smelser*, Soziologie der Wirtschaft, München 1968 (A. d. H.)

Für die Bestimmung der Variationsbreite von Belohnungen ist Macht natürlich ein wichtiger Faktor. In Gewerkschaften und Genossenschaften organisierte Arbeiter erreichen gewöhnlich beträchtlich höhere Löhne als nichtorganisierte Arbeiter. Dies gilt für Arbeiter in der Privatwirtschaft wie im öffentlichen Dienst. In der Tat kann man behaupten, daß Macht der wichtigste Einzelfaktor bei Entscheidungen über Eigentumsbelohnungen ist. Machtquellen dieser Art sind etwa: Organisationen, kontrollierte Angebotsknappheit, Verfügung über Produktionsmittel, Gesetzgebung und anderes. Letztlich bestimmt Macht, welcher Belohnungsstandard gilt.

Macht

In jeder Gesellschaft ist *Macht* eine entscheidende Belohnung. Es gibt keine befriedigenden Meßverfahren, um festzustellen, wieviel Macht ein Status als Belohnung erhält, wieviel Macht ein Individuum oder eine Gruppe besitzen. Macht ist nicht notwendigerweise eine komplexere Variable als Eigentum; wenigstens deuten die Definitionen des Begriffs nicht auf eine größere Komplexität hin. Wahrscheinlich verhält es sich so, daß bei der Analyse und Messung von Macht bisher solche verkürzten Indizes wie etwa Geld zur Eigentumsmessung nicht akzeptiert worden sind. Das Fehlen eines Standardmaßes für Macht soll uns jedoch nicht hindern, einige Überlegungen zu dieser Belohnungsart anzustellen.

Zunächst muß zwischen der Macht, die eine Person zur verantwortlichen Wahrnehmung ihrer Rollen benötigt, und der Macht, die sie als Belohnung dafür erhält, unterschieden werden. Der erste Typ kann als *rollenspezifische* Macht bezeichnet werden, der zweite als *Belohnungsmacht.** Ungleiche rollenspezifische Macht kann sehr viel und sehr wenig mit der erhaltenen Belohnungsmacht zu tun haben. Beispielsweise bestehen im Prinzip alle sozialistischen Staaten auf einer Trennung sowohl der beiden Machttypen als auch auf einer Trennung aller rollenspezifischen Merkmale vom Belohnungssystem. In den israelischen Kibbuzim gibt es rollenspezifische Machtungleichheit, gleichzeitig wird jedoch auf gleichen Eigentums- und Machtbelohnungen bestanden. Man muß also zwischen der Ungleichheit auf-

* Vgl. dazu Band 6 der Reihe »Grundfragen der Soziologie«: Dieter *Claessens*, Rolle und Macht, München 1968 (A. d. H.)

grund inhärenter Rollenerfordernisse und der Ungleichheit aufgrund äußerer Belohnungen unterscheiden. Deren Rechtfertigung kann teilweise von Rollenunterschieden abhängen, wird aber häufig anders begründet.
Zweitens ist zwischen *persönlicher* und *sozialer* Macht zu unterscheiden. Persönliche Macht ist die Fähigkeit, sein Leben nach eigenen Wünschen zu führen. Dazu gehört die Möglichkeit, zwischen Arbeit und Muße wählen zu können, die Verteilung der privaten und »öffentlichen« Zeit nach eigenem Belieben sowie die Realisierung der eigenen Aufwands- oder Nutzenvorstellungen, zu denen auch Muße und Luxus gehören. Wenn die meisten kulturell sanktionierten Lebensziele mit Geld verwirklicht werden können, dann begründet die ungleiche Eigentumsverteilung auch eine ungleiche Verteilung privater Macht.
Soziale Macht hat hauptsächlich zwei Dimensionen. Die erste bezeichnet die Fähigkeit, eigene Ziele in einem Netzwerk von Positionen zu verwirklichen, in dem man sich auch selbst befindet. Beispiele für ein solches Positionsgeflecht sind die Regierungsbürokratie, kommunale Organisationen oder Unternehmen. Macht wird hier vor allem durch den Grad formaler Autorität*, also rollenspezifisch bestimmt. Dabei ist zu berücksichtigen, daß faktisch in vielen Bürokratien verschiedene Personen in gleichen Positionen über unterschiedliche Macht verfügen. Die zweite Dimension sozialer Macht betrifft die Möglichkeit eines Individuums, die allgemeine Politik nach eigenen Überzeugungen und Interessen zu beeinflussen. Wer trifft in einer Gesellschaft politische Entscheidungen und wer zieht aus ihnen Nutzen? Sozialwissenschaftler haben die Rolle von Handelskammern, Gewerkschaften, Berufsverbänden, speziellen Interessengruppen usw. in Entscheidungsprozessen ziemlich genau untersucht. Dabei interessierten sie sich besonders für den Einfluß dieser Gruppen auf Regierung und Parlament.

Psychische Belohnungen

Psychische Belohnung ist der dritte Haupttyp von Belohnungen, der Positionen zugeteilt wird. Zu dieser Kategorie gehören alle Belohnungen, die nicht als Macht oder Eigentum bestimmt werden können. Macht und Eigentum können zwar psychische Belohnungen einbringen; jedoch wird diese Tatsache weder zur

* Vgl. dazu H. *Hartmann*, Funktionale Autorität, Stuttgart 1964 (A. d. H.)

Definition noch zur Messung der beiden Phänomene verwandt. Zu den zahlreichen und verschiedenen Quellen psychischer Gratifikation gehören Ansehen, Sicherheit, Autonomie, Freiheit von Arbeitsplänen, schöpferische Befriedigung im Beruf usw. Daß bei der Messung einiger dieser Faktoren größere Probleme als bei anderen auftreten, liegt an den erst spät einsetzenden Versuchen, genaue Meßverfahren zu entwickeln.

Die Kategorie »psychische Belohnung« besitzt eine Reihe von Merkmalen, die ihre Zuordnung zu den wichtigsten Belohnungsformen rechtfertigt. Zunächst werden solche Gratifikationen oft genauso intensiv angestrebt und gesucht wie Eigentum und Macht. Zweitens sind ungleiche psychische Belohnungen oft nicht weniger folgenreich als unterschiedliche Machtbefugnisse und ungleiches Eigentum. So kann das Fehlen von Sicherheit, Ansehen oder Autonomie erhebliche Auswirkungen haben. Drittens beeinflussen psychische Belohnungen die Verteilung von Macht und Eigentum genauso wie diese die Verteilung psychischer Belohnungen. So kann das Prestige oder die gewährleistete Sicherheit einer Beschäftigung auf verschiedene Weise die Eigentumsbelohnungen eines Berufes mitbestimmen. Viertens hängt die Intensität erstrebter psychischer Belohnungen wie die der Macht- und Eigentumsbelohnungen von der jeweiligen Kultur ab. Von Natur aus besitzen Belohnungen keinerlei Eigenschaften, die sie begehrenswerter als andere erscheinen lassen. Schließlich folgt aus der Tatsache, daß psychische Belohnungen genauso kulturell geformt werden wie Macht und Eigentum, daß diese Gratifikationen für verschiedene Bevölkerungsteile und Gesellschaften von unterschiedlicher Bedeutung und Wichtigkeit sind.

Insgesamt haben sich also fünf Parallelen zwischen psychischer Belohnung und der Belohnung mit Macht und Eigentum ergeben. Ein sehr wichtiger Unterschied darf jedoch nicht vergessen werden: Bei Belohnungen durch Ansehen, Schätzung, schöpferische Befriedigung oder soziale Beziehungen besteht ein großer Spielraum für subjektive Auffassungen. Diese Tatsache ermöglicht es Individuen, bis zu einem gewissen Grad gegebene Situationen in Übereinstimmung mit eigenen Bedürfnissen und Wünschen zu bringen, wobei die wirkliche Lage verdrängt werden kann.

Bisher sind Bewertung und Belohnung getrennt und unabhängig voneinander analysiert worden Bewertung kann jedoch durchaus eine Form der Belohnung sein. Eine vorteilhafte Statusbewertung verschafft dieser Position die Chance größerer psychischer Gratifikationen. Erwartetes Einkommen und die dadurch ermöglichte Lebensweise können das Verlangen entstehen lassen, Arzt, Rechtsanwalt oder Ingenieur zu werden. Hinzu kommt aber unzweifelhaft die hohe Bewertung dieser Berufe, die ihre Attraktivität vergrößert. Von Bewertung als Belohnung wird demzufolge gesprochen, wenn eine Position auch aufgrund der mit ihr verbundenen Bewertung erwünscht und angestrebt wird.

a) Das Verhältnis der Teile zum Ganzen

Bewertung und Belohnungen gehören zweitens zueinander wie Teil und Ganzes. Hat man sich in der modernen Industriegesellschaft in einem bestimmten Beruf durchgesetzt, so wird die erreichte Position in der Hierarchie der *allgemeinen* sozialen Lage als wichtigstes Merkmal der erhofften Lebensbedingungen wahrgenommen. So gesehen erweist sich die allgemeine soziale Lage für den Beruf als ein wichtiger Belohnungsaspekt, obwohl die rollenspezifische Bewertung nur eine von vielen Ursachen ist, die die allgemeine soziale Lage eines Individuums bestimmen.

b) Bewertung und Belohnung modifizieren sich gegenseitig

Die Weise, in der die Öffentlichkeit durch die Wahrnehmung aller charakteristischen Statusbelohnungen das gesamte Bild (image) dieser Position formt, ergibt eine dritte Beziehung zwischen Bewertung und Belohnung. Verfügt ein Status über viel Eigentum und Macht, jedoch nur über geringes Prestige, so ist das Gesamtbild wahrscheinlich schlechter als bei gleich hoher Belohnung mit Macht, Eigentum und Prestige. Andererseits dürfte es besser sein als bei einer ausschließlichen Bestimmung durch Prestige. In vielen Fällen ist die Bewertung einer Position ein entscheidender Bestimmungsgrund für die Höhe der Eigentumsbelohnungen und der Machtbelohnungen, die ein Status erhält.

Bewertung und Belohnung können negativ korrelieren und voneinander unabhängig sein

Bewertung und Belohnung stehen auch auf andere Weise in Beziehung. Zunächst soll die *unabhängige Variation* zwischen Bewertung und Belohnung untersucht werden. Mit diesem Begriff wird angedeutet, daß die Ausstattung einer Position mit Macht und Eigentum zur Höhe ihres Prestiges eventuell nur eine geringe Beziehung hat: Kombinationen von hohem Ansehen und geringem Einkommen oder umgekehrt sind allgemein bekannt.

Eine negative Korrelation zwischen Bewertung einerseits, Macht und Eigentum andererseits, besteht in folgender Situation: Jemand versucht, über seinen Status hinaus in einer Weise, die mißbilligt wird, beträchtlich mehr Eigentum oder Einkommen zu erwerben, als seine Positionsgenossen normalerweise erlangen. Ein Beispiel hierfür ist der wohlhabende Gangster; ein anderes der Professor, der seinen Universitätstitel und -status zur Sicherung lukrativer Berufstätigkeiten verwendet und so über einen Lebensstandard verfügt, der weit über den seiner Kollegen hinausgeht. Vernachlässigt der Professor darüber seine Rollenverpflichtungen, wird er wahrscheinlich an Prestige verlieren. Daher kann auch gelten, daß mit steigendem Einkommen die Wertschätzung abnimmt.

Versucht man die Konsistenz oder Inkonsistenz von Positionen zu den verschiedenen Dimensionen zu analysieren, so können sich weitere negative Korrelationen zwischen verschiedenen Bewertungsstufen ergeben. Zumindest in der Theorie ist eine hohe Position der einen Dimension mit einer niedrigen Position auf einer anderen Dimension inkonsistent. Einige Soziologen haben damit begonnen, die Konsequenzen von *Statusinkonsistenz* zu erforschen. Untersucht wird, ob Personen mit inkonsistenten Statusbewertungen diese als Belastung erleben. Versuchen sie, diese zu vermindern? Bemühen sie sich, vor allem die niedrige Position anzuheben, ignorieren sie diese, oder werten sie die Bedeutung der geringeren Position ab? Betrachten sie alle, die eine besondere Position in einer anderen Bewertungsdimension besitzen oder anstreben, als unbedeutend, nicht rechtmäßig und nicht achtbar? Eine weitere Möglichkeit zur Analyse dieser Inkonsistenzen besteht in ihrer Behandlung als konkurrierende Identitäten und sich kreuzende Zwänge (cross-pressures). Verfügt eine Person, die gerade interviewt wird, über eine gute Erziehung, jedoch nur über geringes Einkommen, so werden ihre

Antworten von der zur fraglichen Zeit wichtigeren Identifizierung abhängen. Wahlforscher haben diese und andere konfligierende Zwänge, die sich aus religiösen, rassischen und nationalen Identifizierungen ergeben, relativ genau untersucht. Statusinkonsistenz ist also ein wichtiger Begriff, durch den auf die Möglichkeit verwiesen wird, daß verschiedene Situationen einem Individuum gemischte und wechselnde Identitäten verleihen. Ferner wird mit dem Begriff »Statusinkonsistenz« die Frage möglicher Harmonisierungen solcher Diskrepanzen aufgeworfen.

Die Kovarianz und positive Korrelation von Bewertung und Belohnung

Bisher sind negative Korrelationen der drei Belohnungsformen erörtert worden, die besonders für moderne Industriegesellschaften wichtig sind. Die weitere Diskussion wird dagegen den Akzent auf positive Korrelationen legen. Diese Korrelationen und Verbindungen können auf der makro-sozialen oder institutionellen und der mikro-sozialen oder personalen Ebene untersucht werden.

Makro-soziale Korrelationen. Auf der institutionellen Ebene interessiert besonders, wie sich in einer Gesellschaft die Verteilungen von Macht, Eigentum und Bewertung gegenseitig beeinflussen. In den USA besteht zwischen Macht und Eigentum eine besondere Beziehung, deren Dimensionen und kennzeichnende Merkmale einerseits durch eine demokratisch-politische Organisation der Gesellschaft, andererseits durch eine modifizierte laissez-faire-Wirtschaft bestimmt werden. Die demokratisch-politische Ordnung ermöglicht es einer Anzahl konkurrierender Lobbies, die Berücksichtigung ihrer Interessen – mit wechselndem Erfolg – zu erreichen. Gleichzeitig verfügen die Wähler durch regelmäßig stattfindende Wahlen über bedeutende Einflußmöglichkeiten auf die öffentliche Politik.

Das amerikanische Wirtschaftssystem läßt eine ungleiche Eigentumsverteilung zu. Sie wird durch Marktmechanismen geregelt, zu denen auch die ungleiche Marktmacht verschiedener Produktionsfaktoren wie Kapital, Arbeit und Management gehört. Demokratische Ideologie und »Freies Unternehmertum« legitimieren den Versuch interessierter Parteien, öffentliche Politik im Sinne ihrer speziellen Interessen zu beeinflussen. Aus diesem

Grund bestehen zwischen Wirtschaft und Politik enge Beziehungen, bei denen die Übertragung wirtschaftlicher Macht auf politische recht wahrscheinlich ist.
Dieser nichttypische, amerikanische Fall unterscheidet sich stark von der sowjetischen Situation. In der Sowjetunion ist weder ein freies Unternehmertum zugelassen, noch eine »demokratisch-politische Ordnung« verwirklicht. Eine andere Situation besteht in einigen lateinamerikanischen Gesellschaften. Hier bilden Landwirtschaft und rohstoffverarbeitende Industrien die Grundlage der Wirtschaft. Die herrschende Schicht setzt sich vor allem aus den reichen Landbesitzern, dem oberen Klerus und den Militärs zusammen. Der amerikanische, sowjetische und lateinamerikanische Gesellschaftstyp ist wiederum von den in Asien und Afrika neu entstehenden Gesellschaften zu unterscheiden. In diesen sind politische und wirtschaftliche Macht voneinander getrennt. Ihre Verortung schwankt zwischen den verschiedenen Stammesinteressen, Militäreliten, den noch anwesenden Kolonialmächten und – in einigen Fällen – der traditionellen religiösen Führungsschicht.
Diese unsichere Verortung der Macht und ihrer Verteilung wird in den unterentwickelten Ländern deutlich durch die häufigen Regierungswechsel sowie deren Auswirkungen auf die Interessen und Wünsche der Großmächte – wie die USA, die Sowjetunion und Rotchina – belegt. Weiter ist bemerkenswert, wie häufig sich die Großmächte bei ihrem Versuch, diese Nationen zu beeinflussen, in deren Beurteilung irren.
Diese Verbindungen veranschaulichen die mögliche Vielfalt, mit der Macht und Eigentum zusammenhängen, sowie die zahlreichen Faktoren, die diese Beziehungen beeinflussen können: etwa vorherrschende politische und wirtschaftliche Ideologien, wirtschaftliche und politische Strukturen, der Grad der Industrialisierung und die Abhängigkeit von benachbarten Gesellschaften und deren Interessen.
Berücksichtigt man die Bedingungen, die eine hohe oder niedrige Korrelation zwischen den verschiedenen Belohnungsarten bestimmen, so ist in einer Gesellschaft dann eine maximale Ungleichheit zu erwarten, wenn die verschiedenen Belohnungen stark miteinander korrelieren. Führen die Bemühungen um hohe Eigentumsbelohnungen mit großer Wahrscheinlichkeit auch zu hohen Macht- und Prestigebelohnungen, so wird eine mittlere oder niedrige Belohnung einer Dimension wahrscheinlich mit einer ähnlichen Position auf den anderen Dimensionen verbun-

den sein. Sind dagegen die Korrelationen gering, negativ oder nicht vorhanden, so ist eine geringere Ungleichheit wahrscheinlich. Ein Individuum hat dann eine größere Chance, sich einen befriedigenden Anteil wenigstens an einer Belohnungsart zu sichern – wie gering auch immer sein Anteil an den anderen Belohnungsformen sein mag. Bei dieser Verallgemeinerung ist eine Ausnahme zu beachten: Verfügen die meisten Leute über den gleichen Anteil an Macht, Prestige und Eigentum, so sind die Korrelationen hoch. Dies wäre in einer vollständig egalitären Gesellschaft der Fall, in der Macht, Eigentum und Prestige einfach deshalb hoch miteinander korrelieren, weil jeder von jedem den gleichen Anteil hat.

Die verschiedenen Belohnungsstrukturen, über die hier gesprochen wurde, zeigen deren unterschiedliche Regelung in verschiedenen Gesellschaften. Die einzelnen Gesellschaften unterscheiden sich in den besonders betonten und erstrebten Belohnungen; in der Bedeutung, die irgendeiner Belohnung bei der Einschätzung des allgemeinen Wertes einer bestimmten Position zugeschrieben wird; schließlich in der Wahl der Positionen – bezogen auf Beruf, Verwandtschaft, Religion –, die besondere Belohnungen erhalten. Weitere Unterschiede sind der Grad, in dem die zum Vergleich verwendeten Maßeinheiten bekannt sind, sowie der in einer Gesellschaft bestehende Konsensus über die Wichtigkeit und Wünschbarkeit verschiedener Belohnungen und die Verfahrensweisen, durch die ein solcher Konsensus erreicht wird.

6. Kapitel

Verschiedene Schichtungssysteme

Außer den Hauptprozessen, die die Entstehung und Erhaltung von Schichtungssystemen bestimmen, gibt es noch eine Reihe anderer Größen, die von einer Gesellschaft zur anderen variieren. Um ihre Reichweite zu veranschaulichen, werden das indische Kastensystem und das amerikanische Schichtensystem verglichen.

Erwerb und Verbindlichkeit von Positionen

Die Mittel, mit denen ein Status erworben wird, sind ein entscheidendes Merkmal von Schichtungssystemen. In der Regel werden zwei Möglichkeiten unterschieden: Status*zuschreibung* und Status*erwerb* (ascription – achievement). Im ersten Fall wird ein Status ohne eigene Beteiligung zugeschrieben oder vererbt, wie es bei Prinzen der Fall ist, die durch erbliche Nachfolge König werden. Statuserwerb bezeichnet dagegen die Besetzung einer Position durch eigene Anstrengung. Einfacher ausgedrückt erfolgt der Erwerb einer Position im ersten Fall aufgrund dessen, *wer* man ist, im zweiten Fall dagegen aufgrund dessen, was man *geleistet hat oder leisten kann.* Eine dritte Möglichkeit des Statuserwerbs ist *Reifung.* Ein Beispiel hierfür bildet die Wahlberechtigung, die man mit 21 Jahren erhält. Noch eine Möglichkeit, einen Status zu erwerben, ist die, selbst einen Status zu schaffen: wenn man z. B. bei der Geburt seines Kindes Vater wird.

In jeder Gesellschaft gibt es mehrere Möglichkeiten, einen Status zu erlangen. Eine Gesellschaft kann z. B. mehr die Zuschreibung einer Position als den Erwerb durch Leistung betonen; oder sie verläßt sich bei der Besetzung von Positionen vorwiegend auf die biologische Reifung und die Schaffung von Positionen im normalen Lebenszyklus. Neben den vorherrschenden Formen der Besetzung von Positionen bestehen jedoch noch andere Verfahren, so daß immer eine Mischung von Zuschreibung, Erwerb durch Leistung, Reifung und Schaffung von Positionen zu beobachten ist.

Zur Erklärung dieser Mischformen der Statusbesetzung wird die These herangezogen, daß Positionen eine *kontinuierliche*

Sicherung ihrer Rechtmäßigkeit erfordern. Wie auch immer ein Individuum zunächst einen Status erlangt: auf die Dauer muß es doch sein Anrecht auf diesen Status durch die Erfüllung der eingegangenen Rollenanforderungen legitimieren. So wird normalerweise jedermann in die Rolle eines Vaters hineinwachsen und dazu beitragen, diese Position aufzubauen. Verhält man sich jedoch als Vater nicht so, wie Gesetz und Sitte es vorschreiben, kann das Recht auf normale väterliche Autorität abgesprochen und sogar das Kind fortgenommen werden. Auch im Falle einer reinen Zuschreibung oder Vererbung von Status, wie bei der Thronnachfolge, werden einige Garantien der Rechtmäßigkeit verlangt. Ist beispielsweise ein König nicht in der Lage, sich in seiner Position angemessen zu verhalten, *kann* seine Macht eingeschränkt werden, oder er kann vertrieben, gestürzt oder sonstwie in der Ausübung seiner Rolle eingeschränkt werden. Diese Sicherung der Rechtmäßigkeit einer Position ist in der Tat eine Form von Leistung. In dem Maß, wie solche Sicherungen laufend erforderlich sind, ist bei Statuszuteilungen immer etwas von Statuserwerb durch Leistung mit enthalten.

a) Indien

In Indien wird man in den wichtigsten Status – die Zugehörigkeit zu einer Kaste – hineingeboren, oder man wird einer Kaste zugeteilt. Theoretisch zumindest wechselt niemand seine Kaste, und auf den Dörfern ist es auch tatsächlich nicht möglich. Hier besteht keine Chance, die eigene Situation zu verbergen. Außerdem kann sich nur derjenige am Leben erhalten, der die typischen Berufe der eigenen Kaste erlernt. Die wichtigste Position wird also zugeschrieben oder ererbt, jedenfalls nicht durch Leistung erworben. Trotzdem werden einige Bemühungen zur Statuserhaltung gefordert: Entweder man lebt nach den Regeln der Kaste, oder man wird ausgestoßen. Die Verletzung eines der zahlreichen rituellen Tabus oder einer Vorschrift der Kaste ist ein solcher Regelverstoß. Unter anderem müssen folgende Tabus und Vorschriften beachtet werden: die Arbeit in einem traditionellen Beruf, die Einnahme vorgeschriebener Nahrung, Heirat innerhalb der gleichen Kaste und die Vermeidung von Kontakten mit Angehörigen niedrigerer Kasten, um der »Verunreinigung« zu entgehen.

b) Die Vereinigten Staaten

Die amerikanische Situation unterscheidet sich stark von der indischen. Positionen müssen gewöhnlich im Wettbewerb mit anderen *erworben* werden, wobei der Nachweis der erforderlichen Fertigkeiten und Fähigkeiten besonders wichtig ist. Als vorherrschende Überzeugung gilt: Eine *durchschnittliche* Person hat die Position, die sie verdient, ganz gleich, ob es sich um die Ausbildung, den Beruf oder das Einkommen handelt oder um Lebensbedingungen und Lebensweisen, die mit diesen Positionen verbunden sind. Diese kulturellen Normen lassen es heute in den USA als illegitim erscheinen, durch Familienbeziehungen oder andere Formen persönlichen Einflusses über einen bevorzugten Statuszugang zu verfügen.
Die tatsächliche Situation sieht natürlich wesentlich anders aus. Inzwischen ist man sich darüber einig, daß von einer vollkommenen Chancengleichheit keine Rede sein kann und daß weiße, protestantische Kinder mit wohlhabenden und gut ausgebildeten Vätern in anerkannten Berufen die besten Chancen haben. Diese *Familien- oder Geburts*merkmale verhelfen einem Kind zu größeren Erfolgschancen, als sie Kinder mit anderen Familienkonstellationen haben. Die Chancen, einen Status durch Leistung zu erwerben, werden also durch eine Reihe zugeschriebener Merkmale recht stark beeinträchtigt.
Die USA und Indien unterscheiden sich jedoch durch ihre jeweilige kulturelle Ideologie. Obwohl legal, gilt in den Vereinigten Staaten die Vererbung besonderer Vorteile als moralisch nicht ganz einwandfrei. Die amerikanische Ideologie betont also die Leistung und nicht die Zuschreibung. Der Druck dieser kulturellen Normen beschränkt die Ausnutzung von ererbten Vorteilen mehr und mehr, obwohl ihr keine gesetzlichen Hindernisse entgegenstehen. In Indien dagegen bestätigen die meisten Traditionen, Normen und Gesetze das System zugeschriebener Positionen.

Sanktionen

Alle Systeme sozialer Schichtung benötigen Steuerungsmechanismen, durch welche die Konformität und Stabilität von Normen, Werten und gesellschaftlichen Praktiken sichergestellt werden können. Der wichtigste dieser Mechanismen ist der Sozialisierungs- oder Enkulturationsprozeß. Zu seiner Wirksamkeit benötigt dieser Prozeß positive Sanktionen für Konformität und negative Sanktionen für Abweichung.* Diese Sanktionen können formell und kodifiziert wie bei Gesetzen, sie können aber auch informell sein. Beispiele für informelle Sanktionen sind Verachtung, Ablehnung oder Schelte und auf der positiven Seite Lob oder anderweitige Belohnungen. Solche Sanktionen können ebenso wirksam sein wie Gesetze. Neben der Trennung in formelle und informelle Sanktionen können Sanktionen auch danach unterschieden werden, ob sie stark oder schwach, vorübergehend oder dauernd, umfassend oder beschränkt akzeptiert, öffentlich oder privat sind.

a) Indien

In Indien schaffen scharfe formelle und informelle Sanktionen die wesentlichen Unterschiede zwischen den Kasten, formen diese und verleihen ihnen Dauerhaftigkeit. Gesetz und Sitte halten die Unberührbaren davon ab, an bestimmten sozialen Handlungen teilzunehmen; sie beten in eigenen Tempeln, sie arbeiten in eigenen Berufen, und sie dürfen nur zu bestimmten Stunden in der Öffentlichkeit erscheinen. Bis vor kurzem war eine Vertretung der Unberührbaren im nationalen Parlament verboten, erst die jüngste Gesetzgebung verlangt diese. Solche gesetzlichen Beschränkungen oder Sanktionen eines Schichtungssystems sind heutzutage allerdings relativ selten, obwohl sie bis zum 18. Jahrhundert noch fast überall vorhanden waren.
Sanktionen werden in Indien gewöhnlich von der eigenen und von anderen, meist höheren Kasten vorgenommen. Beide versuchen, die Menschen »an ihren eigentlichen Platz« zu binden. Der zentrale Unterschied besteht darin, daß die von den höheren Kasten angewandten Sanktionen dazu dienen, Mitglieder niederer Kasten am Aufstieg zu hindern oder daran, Tätigkeiten auszuüben, die normalerweise der höheren Kaste reserviert sind. Im Gegensatz hierzu verbieten die innerhalb einer Kaste ausgeübten Sanktionen, daß ihre Mitglieder Tätigkeiten niederer Kasten übernehmen und damit sich und andere Kastenmitglieder degradieren.
Die genannten Sanktionen beruhen normalerweise auf gesetzlichen Regelungen. Häufig werden aber auch körperliche Bestra-

* Vgl. dazu Band 7 der Reihe »Grundfragen der Soziologie«: Albert K. *Cohen*, Abweichung und Kontrolle, München 1968 (A. d. H.)

fungen angewandt, Schelte, Verachtung, Verbannung oder auch Verstoßung in eine niedere Kaste. Die Sanktionen der höheren Kasten zielen in der Regel darauf ab, Individuen, die versuchen, Verhaltensweisen der höheren Kasten nachzuahmen, in ihre eigenen Kastengrenzen zu verweisen.

b) Die Vereinigten Staaten

Amerika hebt sich deutlich von der Situation in Indien ab – die Rassenfrage ausgenommen. Normalerweise stehen dem Statuserwerb keine *gesetzlichen* Hindernisse im Wege (abgesehen von Altersgrenzen und den Lizenzvorschriften). Theoretisch stehen für den, der sich durch die geforderten Qualifikationen ausweisen kann, alle Ränge der Berufs- und Geschäftswelt offen. Ebenso ist im Prinzip der Erwerb dieser Qualifikationen ohne Ansehen von Rasse, Geschlecht oder Konfession möglich. Der Zugang zu *allgemeinen* sozialen Status-Positionen ist sogar noch weniger eingeschränkt als der zum Erwerb von Qualifikationen und Berufen. Hindernisse auf dem Weg zu Vornehmheit und Ansehen sind hauptsächlich informeller Art und werden meist von denen aufgestellt, deren Ansehen man zu erreichen sucht.

Sichtbarkeit und Dauerhaftigkeit der Statusindikatoren

Mit der Verteilung von Positionen in einem Schichtungssystem sind folgende Fragen eng verbunden: (1) Sind die Kriterien, durch die ein Status definiert wird, sichtbar und identifizierbar? (2) Wie dauerhaft sind diese Indikatoren?

Im Gegensatz zu Berufs- und Ausbildungskriterien ist die Hautfarbe ein sichtbares Merkmal, sofern sie bei der Statusidentifizierung eine Rolle spielt. Ein anderes Beispiel sind kulturell vorgeschriebene Kleidungsformen für bestimmte Berufe, wie die Unterscheidung von »blue collar – white collar«. Ebenso kann, wie in England, die Aussprache als Maßstab für Erziehung dienen. Im allgemeinen kann man sagen: Je sichtbarer und dauerhafter der Statusindex ist, desto stärker sind die Schichten voneinander getrennt und desto schwieriger wird es sein, den Status zu verändern. Sichtbare und dauerhafte Statusindizes sind der Kern relativ starrer Schichtungssysteme, während in flexiblen Systemen eher vorübergehende und weniger sichtbare Indizes vorherrschen.

In den Vereinigten Staaten ist die Hautfarbe ein Hauptindex für Status; merkwürdigerweise findet man jedoch im indischen Kastensystem dieses dauerhaft sichtbare Merkmal nicht. In Amerika besteht also ein gemischtes Schichtungssystem, in dem einige Kasten- und Klassenaspekte kombiniert werden.
Die sichtbaren und dauerhaften Merkmale der Kastenzugehörigkeit werden in Indien vor allem im Dorf beachtet, da dort jeder jeden kennt und daher die Konformität mit den Gesetzen der Kaste besonders streng kontrolliert wird. In der Anonymität der indischen Großstädte verringert sich dagegen die Sichtbarkeit und Dauerhaftigkeit dieser Kastenmerkmale zusehends.

Eindimensionale oder multiple Statusdimensionen

Ein entscheidendes Merkmal aller Schichtungssysteme ist die Anzahl der verschiedenen Bewertungsdimensionen, aufgrund derer Positionen als vorteilhaft oder ausgezeichnet angesehen werden. In Indien ist die Kastenzugehörigkeit die wichtigste Determinante, da – unabhängig von Ausbildungsgrad und Wohlstand – der soziale Aufstieg eines Unberührbaren durch seine Herkunft aus einer niedrigen Kaste stark eingeschränkt ist. Dagegen sind in den USA Reichtum, Ausbildung, Macht oder Beruf durchaus entscheidende Faktoren. Obwohl sich diese Merkmale gegenseitig beeinflussen, gibt es doch einen meßbaren Grad an Unabhängigkeit zwischen ihnen; so kann jemand, der arm und wenig ausgebildet ist, in eine Position mit einem beträchtlichen Grad an Macht und Prestige aufsteigen oder auch ohne eine geregelte Ausbildung und einen anerkannten Beruf sehr wohlhabend werden.
Eine Anzahl von Untersuchungen über die Beziehungen zwischen den wichtigsten Bewertungsdimensionen in den Vereinigten Staaten zeigt eine Korrelation von 0.50, die besagt, daß nur ungefähr ein Viertel der Berufs-Rangordnungen mit denen von Einkommens- und Ausbildungsgraden übereinstimmt. Es gibt also offensichtlich eine hohe Komplexität und vielleicht auch Unsicherheit in der Bewertung von sozialen Positionen, die teilweise dadurch hervorgerufen wird, daß es verschiedene Bewertungsdimensionen gibt, die teilweise aber auch durch die geringe Korrelation zwischen diesen Skalen entsteht.

Die meisten Beschreibungen der indischen Sozialstruktur fördern die Vorstellung, daß diese nur aus vier Kasten besteht. Ähnlich herrscht in den USA das Bild dreier sozialer Schichten vor. Beide Beschreibungen sind starke Vereinfachungen. In Indien gab es z. B. 1931 neben den vier Hauptkasten der Hindubevölkerung 50 Millionen Hindus, die keiner Kaste angehörten. Hinzu kamen mehr als 100 Millionen Moslems, die theoretisch außerhalb von Kastenbeziehungen leben. Doch sind die meisten dieser Moslems konvertierte Hindus. Kingsley Davis bemerkt hierzu: »Der reine Zwang zu religiöser Unterwerfung, oft als Ergebnis von sozialem Druck, Glauben an jenseitige Belohnung oder von zufälligen Umständen, würde kaum eine völlige Änderung der Sozialstruktur nach sich ziehen.«[8]

Die soziale Organisation Indiens mit den verschiedenen Religionen und Tausenden von Kasten und Unterkasten ist sehr viel komplexer, als daß sie mit einem Vier-Kasten-Modell beschrieben werden könnte. Weiterhin sind die beruflichen Unterscheidungen zwar theoretisch sehr starr, werden faktisch aber wesentlich flexibler gehandhabt. Zwar hat vermutlich jede Kaste die »ihr eigenen Berufe«, doch wenn in einem Dorf Dienste verlangt werden, deren zuständige Kaste dort nicht vertreten ist, müssen diese Aufgaben notwendigerweise von einer anderen Kaste übernommen werden. 1931 wurden 24 Kasten untersucht, in denen nur 45 Prozent der Mitglieder die traditionellen Berufe ausübten; im allgemeinen werden etwa zwischen 50 und 75 Prozent aller männlichen Arbeiter in Indien die von den Kasten vorgeschriebenen Aufgaben wahrnehmen. Diese Abweichungen können vor allem mit zwei Hauptgründen erklärt werden: (1) Einige Gruppen werden als zu vornehm oder zu niedrig angesehen, um gewisse Dienste beanspruchen oder selbst leisten zu können, was unvermeidlich zu Überbesetzungen dieser Dienste bei anderen Gruppen führt. (2) Die unterschiedliche Geburtsrate der Kasten führt zu Verschiebungen in der Besetzung der traditionellen Kastenberufe.

Für die USA haben W. L. Warner und seine Schule – trotz des konventionellen Drei-Schichten-Schemas – ein Sechs-Schichten-Modell vertreten (obere, mittlere und untere Schicht, wobei jede eine obere und untere Hälfte enthält), in dem allerdings verständlicherweise die Schichtgrenzen sehr schwer zu bestimmen sind.

Richard Centers[9] berichtet aus einer früheren Untersuchung, daß die meisten Interviewten sich selbst eher zur Mittelschicht als zur Ober- oder Unterschicht gehörig bezeichneten; wenn jedoch »Unterschicht« durch »Arbeiterschicht« ersetzt wurde, rechneten sich mehr zur Arbeiterschicht. Es ist in der Tat ein Gemeinplatz geworden, von Amerika als einer großen Mittelschichtengesellschaft zu sprechen. Dieser Begriff beinhaltet auf der einen Seite die Vorstellung, daß Schichtunterschiede nicht mehr bestehen, auf der anderen Seite auch, daß Unterschiede in den wichtigsten Kriterien – Beruf, Erziehung, Einkommen oder Wohlstand – nur Gradunterschiede darstellen und daß genauere Trennlinien nur sehr schwer zu ziehen sind. Außerdem erscheint es fraglich, ob die herkömmliche Unterscheidung von Angestellten und Arbeitern als Index für die gesamtgesellschaftliche Lage noch geeignet ist, da es mehr als nur ein einziges Schichtungskriterium gibt.

Im allgemeinen kann gesagt werden, daß die Trennung der verschiedenen Schichten in den USA weit schwieriger ist als die der Kasten und Subkasten in Indien, wie komplex das Kastensystem dort auch sein mag. Obwohl sozialer Druck in beiden Gesellschaften vorhanden ist, sind doch Schichten in Amerika weit weniger streng unterschieden und inhomogener als die indischen Kasten – außerdem ist die Trennung der Schichten weit weniger durch Gesetz und Sitte fixiert. Bis sich beide Schichtungssysteme ähneln, ist wohl noch ein hoher Grad an sozialem Wandel erforderlich.

Schichtbewußtsein und Solidarität

Ein wichtiges Problem für die Homogenität und Abhebbarkeit von Schichten wird mit den Begriffen Schichtbewußtsein und Schichtsolidarität gekennzeichnet. Damit wird untersucht, bis zu welchem Grade sich die *Mitglieder* einer Schicht für eine eigene Gruppe halten, die sich von anderen Gruppen deutlich abhebt.

Obwohl die indischen Kasten durch den Austausch verschiedener Dienstleistungen ständig in Kontakt miteinander treten müssen, bleiben sie theoretisch stark getrennt. Es ist vermutlich auch faktisch nicht einfach, die Kastenmitgliedschaft zu ändern. Zwei Arten von Beziehungen sind herauszuheben, die über den normalen Austausch von Gütern und Diensten hinausgehen und die überall als Kennzeichen für die Gleichheit der Teilnehmer gelten: Tischgenossenschaft oder gegenseitige Besuche und Heirat. Zwar verbietet das Selbstbewußtsein der indischen Kasten solche Beziehungen zwischen verschiedenen Kasten, doch gibt es trotzdem eine beachtliche Anzahl von Heiraten zwischen verschiedenen Subkasten einer Hauptkaste und gelegentlich auch zwischen Hauptkasten.

Wahrscheinlich sind Heiraten zwischen den Schichten in den USA weit häufiger als zwischen den Kasten in Indien, doch ergibt sich hier die Schwierigkeit, die Schichtzugehörigkeit von Personen genau festzustellen und die Schichten zu trennen. Über solche Verbindungen zwischen den Schichten in den USA gibt es wenig verläßliche Daten, abgesehen von kleinen Untersuchungen, in denen genaue Angaben über Berufe der Väter und der Eheleute erhoben worden sind. Diese Studien geben jedoch wenig Aufschluß über allgemeine Tendenzen, und es kann wohl angenommen werden, daß Heiraten zwischen Schichten auch in den USA keineswegs selbstverständlich sind.*

Genausowenig erforscht sind die »Tischgemeinschaften« von Mitgliedern verschiedener Schichten in Amerika. Nimmt man an, daß gegenseitige Besuche den gleichen kulturellen Mustern folgen wie Heiraten, so wäre kein häufiger Kontakt zwischen Schichten zu erwarten. Ebenso kann aber auf häufigeren Kontakt geschlossen werden, da es keine gesetzlichen Hindernisse wie in Indien gibt. Sicher ist, daß in der Öffentlichkeit, z. B. in Restaurants, eine größere Mischung der einzelnen Schichten besteht als in Indien.

Außer bei beiden extremen Gleichheitstests – Tischgenossenschaft und Heirat – gibt es eine Anzahl anderer Indizes, die, wenn auch mit Vorsicht, verwandt werden können, um die Stärke des Schichtbewußtseins in einer Gesellschaft zu messen. Die gleichen Indizes können auch zur Messung von Schichtsolidarität gebraucht werden.

Solche Indikatoren des Schichtbewußtseins können ermittelt werden über Fragen zur Selbst-Identifizierung (Zu welcher Schicht gehören Sie?), über das Wahlverhalten sowie über Fragen zu vorhandenen Ideologien und Einstellungen, etwa Konservatismus gegenüber Liberalismus. Diese Indikatoren sind allerdings mit Vorsicht zu behandeln, da die Selbstidentifikation ein beträchtliches Maß an Subjektivität beinhaltet und auch vom Wahlverhalten oder von Einstellungen nur indirekt auf das

* Vgl. dazu Band 8 der Reihe »Grundfragen der Soziologie«: William J. *Goode*, Soziologie der Familie, München 1967, vor allem S. 149 ff. (A. d. H.)

Schichtbewußtsein geschlossen werden kann. Darüber hinaus hat Arthur Kornhauser gezeigt, daß die Stärke der Klassensolidarität beträchtlich von dem zur Diskussion stehenden Problem abhängt. Verschiedene Fragen können verschiedene Identifizierungen derselben Person betreffen; so kann ein Arbeiter, wenn Rassenprobleme angeschnitten werden, als Weißer voller Vorurteile antworten, obgleich er sich bei Arbeitskonflikten durchaus solidarisch mit seinen farbigen Kollegen zeigt.
Klassensolidarität kann daher durch eine Reihe von Faktoren verringert werden:

1. durch die Zugehörigkeit zu anderen Gruppen (Rasse, Religion usw.), die nicht durch die Klasse bestimmt sind;
2. durch den Einfluß von übergreifenden Wertsystemen, die mehr auf die Gemeinsamkeit der Interessen aller Klassen als auf die verschiedenen Interessen verschiedener Klassen hinweisen;
3. durch das Maß an Identifikation mit anderen, sozial und ökonomisch ähnlichen Positionen gegenüber dem Maß an Identifizierung mit höheren Positionen, die man anstrebt;
4. durch das Maß, in dem verschiedene Ansichten zu einem Problem polarisierbar oder mit Klassen identifizierbar sind (Vertreten Kandidaten in einer Wahl Klasseninteressen und Schichtidentitäten?);
5. durch das Maß an Interaktionen zwischen Personen gleicher sozio-ökonomischer Stellung, so daß überhaupt eine Chance besteht, Konsensus in bestimmten Fragen zu erzielen;
6. durch die Klarheit und Verständlichkeit, mit der eine Klassenposition in einer bestimmten Frage formuliert ist. Gibt es eine repräsentative Doktrin, die den potentiellen Mitgliedern vermittelt werden kann, wenn sie sich dafür zugänglich zeigen?

Diese Reihe möglicher einflußreicher Faktoren verweist auf die Notwendigkeit weiterer empirischer Untersuchungen; dabei muß erforscht werden, unter welchen Bedingungen welche Schichtidentifikationen hervorgerufen werden und zu welchen Meinungen diese wiederum führen. Es muß weiter untersucht werden, auf welche Weise von einzelnen Schichten ein derartiger Druck ausgeübt werden kann, daß bestimmte Standpunkte von den Mitgliedern vertreten werden. Dabei werden wir die Hypothese vom dominanten Einfluß der sozialen Position und der ökonomischen Lage beibehalten. Obwohl diese beiden Faktoren nur zwei unter vielen anderen sind, berühren sie doch fundamentale

Interessen: den ökonomischen Lebensunterhalt auf der einen und die soziale Wertschätzung auf der anderen Seite.
Wahrscheinlich bestehen in Indien weniger Identifizierungskonflikte als in den USA, da die Zugehörigkeit zu einer Kaste, der Religion und den ökonomischen Interessen stärker übereinstimmen. Das ist freilich nur eine Vermutung.

7. Kapitel

Folgen sozialer Schichtung: I. Lebensbedingungen

Der Begriff der Lebensbedingungen ist vor allem von Max Weber in die soziologische Literatur eingeführt worden. In seinem Aufsatz: »Klasse, Status, Partei«[10] definierte Weber Klasse als eine Anzahl von Personen, die eine oder mehrere Ursachen von Lebensbedingungen teilen, insbesondere »die Chance, ein bestimmtes Angebot an Gütern sowie äußere Lebensbedingungen und persönliche Lebenserfahrung zu erreichen«.
Bei Gerth und Mills beinhalten Lebensbedingungen »alles, von der Chance, während des ersten Lebensjahres am Leben zu bleiben, bis zu der, Kunst genießen zu können; auch die Chance, gesund zu bleiben und gesund aufzuwachsen; die Chance, nicht kriminell zu werden; und vor allem die Chance, einen mittleren oder höheren Ausbildungsgrad zu erreichen«.[11]
Lebensbedingungen können sich gegenseitig beeinflussen. In eine wohlhabende Familie hineingeboren zu werden, kann Aussicht auf eine vorteilhafte Erziehung bedeuten, die wiederum die erreichbare Berufsposition stark bestimmt. Die Berufsposition beeinflußt ihrerseits den – nicht ererbten – Wohlstand; Beruf und Erziehung zusammen bestimmen den erhaltbaren Gesundheitszustand, der sich wiederum auf die Dauer der Berufsausübung auswirkt. Dieses hypothetische Beispiel veranschaulicht die gegenseitige Beeinflussung der einzelnen Lebensbedingungen, auch wenn einige wichtiger als andere sind.

Einkommen und Beruf

Sofern Lebensbedingungen käuflich sind, werden Einkommensunterschiede zu wichtigen Determinanten. Daher wäre eine Sichtung von Material über die Einkommensunterschiede in Amerika sinnvoll, um danach die Beziehungen zu anderen wichtigen Faktoren wie Ausbildung und Beruf zu untersuchen. Von da aus könnten dann die damit verbundenen Lebensbedingungen analysiert werden. Da in den USA der Beruf die wichtigste Einkommensquelle ist, wird zunächst die durch den Beruf bedingte Einkommensverteilung geprüft. Für die großen Berufsgruppen ergeben sich folgende Durchschnittseinkommen pro Jahr: Akademiker und Manager 6821 Dollar; Handwerker 5527 Dollar; angelernte Fabrikarbeiter 4344 Dollar; im Dienstleistungssektor Beschäftigte und alle anderen, außer Landarbeitern, 3019 Dollar.[12] Da Beruf und Erziehung miteinander eng verbunden sind, ist es auch interessant, das durchschnittliche Jahreseinkommen mit den vollendeten Schuljahren zu vergleichen.[13]

Tabelle 1 (1959)*

vollendete Schuljahre	durchschnittliches Jahreseinkommen	erwarteter Lebensverdienst
unter 8 Jahren	2 550 $	143 000 $
8 Jahre	3 769 $	184 000 $
9 bis 11 Jahre	4 618 $	212 000 $
12 Jahre	5 567 $	247 000 $
13 bis 15 Jahre	6 966 $	293 000 $
über 16 Jahre	9 206 $	425 000 $

Wie aus der Tabelle zu ersehen ist, ist die Spannweite der Eigentumsverteilung – gemessen im durchschnittlichen Jahres- und gesamten Lebensverdienst – ziemlich groß; außerdem korrelieren Einkommen und Ausbildungsgrad positiv miteinander. Die Ungleichheit der Einkommensverteilung ist innerhalb der weißen Bevölkerung weit schärfer ausgeprägt als bei Farbigen. Allerdings darf man von dieser Tatsache aus nicht auf ein höheres Maß an Gleichheit innerhalb der farbigen Bevölkerung schließen, sondern eher auf eine geringere *marginale Nutzenquote* der Erziehung eines Negers, die durch die Zunahme des Einkommens bezogen auf eine zusätzliche Erziehungseinheit errechnet wird. Vergleicht man die gesamten Lebensverdienste von Weißen und Farbigen, so erhält man die in Tabelle 2 dargestellten Ergebnisse.[14] (S. 85)

Wie aus dieser Tabelle zu ersehen ist, können Weiße mit High School-Abschluß 62 000 Dollar mehr Gesamtlebensverdienst erwarten als Weiße mit Elementarschul-Abschluß; dagegen können farbige High School-Absolventen nicht mehr als die Hälfte dieser Differenz erhoffen (28 000 $ mehr als Farbige mit Elementarschul-Abschluß). Ebenso offensichtlich ist, daß die Ungleichheit zwischen Weißen und Farbigen auf der College-Ebene und den darüber hinausgehenden Ausbildungsstufen noch größer wird. Das Einkommen der Farbigen, ausgedrückt in Antei-

* Vgl. für die BRD Tabelle im Anhang, S. 168 (A. d. H.)

Tabelle 2

vollendete Schuljahre	erwarteter Gesamtlebensverdienst Weiße	Farbige	Farbige in Prozent der Weißen
unter 8 Jahren	157 000 $	95 000 $	61
8 Jahre	*191 000* $	*123 000* $	64
9 bis 11 Jahre	221 000 $	132 000 $	60
12 Jahre	*253 000* $	*151 000* $	60
13 bis 15 Jahre	301 000 $	162 000 $	54
16 Jahre	395 000 $	185 000 $	47
17 und mehr	466 000 $	246 000 $	53

len am Einkommen von Weißen, beträgt für die High School-Absolventen 60 Prozent; für diejenigen mit ein bis drei Jahren College-Ausbildung fällt dieser Satz auf 54 Prozent, auf 47 Prozent bei vier Jahren College, und er sinkt für fünf oder mehr Jahre College-Ausbildung auf 37 Prozent.

Befaßt man sich mit Schichtungsproblemen in den USA, muß man also beachten, daß zwei Schichtungssysteme nebeneinander bestehen. Einmal gibt es das gesamtgesellschaftliche Schichtungssystem. Zum zweiten aber können Weiße und Farbige als gesonderte Gruppen betrachtet werden, und man kann das Maß an interner Ungleichheit in beiden Gruppen vergleichen. Seit kurzer Zeit wird in Amerika der Armut besondere Aufmerksamkeit gewidmet. Nimmt man als Existenzminimum für eine vierköpfige Familie ein Jahreseinkommen von 2500 $ an, so gab es 1960 20 Millionen Arme; nimmt man statt dessen 3500 $, so beläuft sich die Zahl auf 46 Millionen, und bei 5500 $* wären es 70 Millionen Arme in den Vereinigten Staaten.[15]

In Prozentzahlen ergab sich 1960 in den USA für Mehrpersonenhaushalte folgende Einkommensverteilung (Bruttoeinkommen):[16]

Unter	4 000 $	23 Prozent
	4 000 — 5 999 $	23 Prozent
	6 000 — 7 499 $	16 Prozent
	7 500 — 14 999 $	31 Prozent
Über	15 000 $	7 Prozent

* Diese hohe Summe darf hier — vor allem im Hinblick auf die auf S. 84 genannten Daten — nicht verwirren. Tumin will nur zeigen, daß der Begriff der Armut, je nach Bezugsgröße, erheblich variieren kann. (A. d. H.)

Nimmt man als Existenzminimum ein Familieneinkommen von 1000 $ an, so gibt es in Amerika überhaupt keine Armut, wie Kenneth Galbraith in seinem Buch »The Affluent Society« feststellt, in dem die Vorstellung eines überreichen Amerika vermittelt wird. Selbstverständlich ändern sich die Zahlenangaben aber erheblich, wenn der Betrag für das Minimaleinkommen höher angesetzt wird.
Schließlich können Eigentums- und Einkommensungleichheit auch durch den Vergleich der Prozentsätze des Nationaleinkommens ermittelt werden – aufgegliedert nach verschiedenen Segmenten der Gesellschaft. Auf der Grundlage des Zensus von 1957, in dem auch Einkommen aus Kapitalgewinnen enthalten war, hat Gabriel Kolko für 1955 eine Verteilung des persönlichen Einkommens nach Steuerabzug bei einer in zehn Gruppen eingeteilten Bevölkerung wie folgt ermittelt:[17]

	Zehntel der Bevölkerung	Prozentsatz des Einkommens
höchstes	1	27 Prozent
	2	16 Prozent
	3	13 Prozent
	4	11 Prozent
	5	10 Prozent
	6	8 Prozent
	7	6 Prozent
	8	5 Prozent
	9	3 Prozent
niedrigstes	10	1 Prozent

Diese Daten zeigen, daß das Zehntel mit den höchsten Einkommen fast dreimal soviel verdient, wie sein Anteil an der Gesamtbevölkerung rechtfertigen würde, während dagegen die 10 Prozent der Gesamtbevölkerung mit den niedrigsten Einkommen nur ein Zehntel von dem erhalten, was ihnen bei einer völlig gleichen Einkommensverteilung zustehen würde.

Häufig wird argumentiert, daß Einkommenszahlen täuschen, da die Umverteilung durch sozialstaatliche Institutionen nicht in Rechnung gestellt werde. Kolko hat aber gezeigt, daß man bei der derzeitigen Besteuerung nicht von einer progressiven Einkommenssteuer sprechen kann. Er schätzt die Steuerverteilung für das Jahr 1958 wie folgt:[18]

Tabelle 3: Prozentsätze der Steuern verschiedener Einkommensklassen gemessen am gesamten Steueraufkommen des Bundes und der Einzelstaaten

Einkommensklasse in $	Bund	Bundesstaaten und Gemeinden	Zusammen
0 — 2 000	9,6	11,3	21,0
2 000 — 4 000	11,0	9,4	20,4
4 000 — 6 000	12,1	8,5	20,6
6 000 — 8 000	13,9	7,7	21,6
8 000 — 10 000	13,4	7,2	20,6
10 000 — 15 000	15,1	6,5	21,6
15 000 und mehr	28,6	5,9	34,4
Durchschnitt	16,1	7,5	23,7

Die obige Tabelle bestätigt die Annahme, daß die Steuerbelastung im wesentlichen gleich ist (mit Ausnahme der mehr als 15 000 $ Verdienenden). »Die Steuerbelastung wiegt aber in den niedrigen Einkommensgruppen schwerer als in den höheren Klassen, da durch sie Geld für wichtige persönliche und familiäre Bedürfnisse entzogen wird.«[19]

Kolko behauptet weiter, daß die gesamten staatlichen Sozialausgaben durch die Steuern der armen Bevölkerungsteile mehr als gedeckt sind. Er verweist dabei darauf, daß 1955 sich die gesamten Sozialausgaben auf 4026 Milliarden $ beliefen, daß aber die Familien, die weniger als 4000 $ verdienten, mehr als diesen Betrag an Steuern zahlten; wenn daher diese Sozialausgaben allein dieser Gruppe zugute kämen (was natürlich nicht der Fall ist), hätten sie trotzdem mehr bezahlt als sie erhielten. Kolko schließt daraus, daß »Sozialausgaben die Einkommensungleichheit nicht ändern und daß die niederen Einkommensklassen auch ohne Steuern und Sozialausgaben einen gleichen Lebensstandard erreicht hätten«.[20]

Ein entscheidender Faktor für jede Gesellschaft ist die Anzahl der Kinder, die unterhalten und sozialisiert werden müssen und denen Möglichkeiten, Werte und Fertigkeiten für ein erfolgreiches Leben als Erwachsener vermittelt werden sollen. Als am häufigsten untersuchte Ursache für unterschiedliche Kinderzahl kann der sozio-ökonomische Status eines Individuums oder einer Gruppe gelten. Dennis Wrong weist darauf hin, daß Schichtunterschiede »in hochentwickelten Gesellschaften wahrscheinlich die folgenreichsten aller Gruppenunterschiede sind«. Das Material über die Zusammenhänge von Schichtung und Kinderzahl in einer Familie belegt, daß in den westlichen Ländern in der Zeit zwischen 1870 und 1910 die Zahl der Kinder »zwischen den Schichten variierte und dazu tendierte, mit der Schichtposition negativ zu korrelieren«.[21]

Etwa um 1910 wurde durch das Verhalten der Mittelschicht, die sich hinsichtlich der niedrigen Kinderzahl der Oberschicht anglich, die Unterscheidung von verschiedenen Fruchtbarkeitsraten schwieriger; die diesbezüglichen Schichtunterschiede verringerten sich. Um 1930 hatte sich das Verhältnis von Schicht und Fruchtbarkeit so stark geändert, daß die Mittelschichten regelmäßig eine geringere Kinderzahl aufwiesen als alle anderen Gruppen. In den letzten 25 Jahren hat sich dieses Verhältnis wiederum geändert. Zwar kann im allgemeinen noch von einer inversen Beziehung zwischen Schicht und Kinderzahl gesprochen werden, es gibt aber doch sehr viele Beispiele, die dieser Korrelation nicht entsprechen, z. B. der starke Trend der wohlhabenden Schichten zu einer signifikant höheren Kinderzahl.

In bezug auf die Zukunft argumentiert Wrong, »daß offensichtlich schichtspezifische Fruchtbarkeitsraten als Strukturmerkmale der westlichen Gesellschaften verschwinden« und daß es durchaus möglich ist, »daß sich eine Korrelation von Familieneinkommen und Familiengröße innerhalb solcher beruflich und bildungsmäßig homogener Gruppen herausbildet, die klein genug sind, um als psychologische Bezugsgruppen für ihre Mitglieder zu gelten«.[22]

Schichtung und Sterblichkeit

Obgleich die Unterschiede der Sterblichkeitsraten verschiedener Schichten in den letzten Jahrzehnten stark abgenommen haben, scheint es doch eine inverse Beziehung von sozio-ökonomischem Status und Lebenserwartung zu geben. Verwendet man für eine Schichteinteilung nur die Indizes weiß und farbig, so kann man feststellen, daß die Sterblichkeit der Farbigen in allen Gruppen über derjenigen der Weißen liegt, besonders in der Gruppe der 25- bis 44jährigen; und obgleich sich die Kindersterblichkeitsraten immer mehr angeglichen haben, ist die Rate unter den Farbigen doch mehr als doppelt so hoch; die Sterblichkeitsrate der Frauen bei der Geburt eines Kindes ist sogar viermal so hoch wie bei den Weißen.[23]
Eine andere Statistik vergleicht die Lebenserwartungen von Gruppen auf der Grundlage der bei ihrer Geburt beobachteten altersspezifischen Sterblichkeitsrate. Dabei wurden auch wiederum bedeutende Unterschiede zwischen der weißen und der farbigen Bevölkerung in Amerika festgestellt. Ein 1959 geborener Weißer hatte eine Lebenserwartung von 67,3 Jahren gegenüber 60,9 Jahren bei einem Farbigen; eine weiße Frau konnte erwarten, 73,9 Jahre zu leben, verglichen mit 66,2 Jahren bei einer farbigen Frau.[24]

*Schichtung und Selbstmord**

Selbstmord ist eines der interessantesten, doch am wenigsten erklärten Phänomene im Bereich sozialen Verhaltens. Obwohl Wissenschaftler sich heute mehr denn je mit diesem Problem beschäftigen, wird ein Fortschritt einerseits durch inadäquate Daten verhindert, zum anderen durch konfligierende und nicht vergleichbare Definitionen des Phänomens. Zum Zusammenhang von Schichtung und Selbstmord bemerkt Jack Gibbs, »daß trotz des geringen Wissens, das über diese Beziehung vorhanden ist, auf einen starken Zusammenhang von Selbstmord und Berufsstellung geschlossen werden kann ... Sehr hohe Selbstmordraten dominieren in extremen Berufspositionen, und zwar denjenigen mit sehr hohem Einkommen und Prestige und denjenigen mit sehr geringem«.[25] Jedoch weist Gibbs darauf hin, daß

* Vgl. dazu Band 7 der Reihe »Grundfragen der Soziologie«: Albert K. *Cohen*, Abweichung und Kontrolle, München 1968 (A. d. H.)

es andere Faktoren wie z. B. Alter und Rasse gibt, die diesen Zusammenhang ebenfalls beeinflussen. So scheint in den USA im ganzen die Selbstmordrate unter Farbigen geringer zu sein als unter Weißen, obwohl in einigen Staaten dieses Verhältnis nicht zutrifft.
Wenn auch viele Daten auf den obengenannten Zusammenhang von extremer Berufsposition und hoher Selbstmordrate hinzuweisen scheinen, muß doch in Anbetracht der Verschiedenartigkeit und der schwierigen Vergleichbarkeit der Forschungsmethoden vor einer Verallgemeinerung dieser Behauptung gewarnt werden.

*Schichtung und Scheidung**

William J. Goode, der sich intensiv mit dem Problem der Scheidung beschäftigt hat, nimmt an, daß etwa seit 1920 von einer negativen Korrelation zwischen sozio-ökonomischem Status und Scheidungsrate gesprochen werden kann, obgleich frühere Daten nicht auf schichtspezifische Scheidungsmuster hinweisen. Unter Verwendung eines Index für die Scheidungsrate und einer Schichteinteilung nach Berufen ergibt sich bei Goode folgende Tabelle:[26]

Tabelle 4: Scheidungsrate bei städtischen Berufen (USA, April 1949)

Beruf	Index der Scheidungsneigung
Akademiker, Halbakademiker	67,7
Eigentümer, Manager, Beamte	68,6
Angestellte, Verkäufer	71,8
Handwerker, Vorarbeiter	86,6
Angelernte Arbeiter	94,5
Dienstleistungsarbeiter	254,7
Arbeiter, Hilfsarbeiter (außer Landwirtschaft und Bergbau)	180,3

Goode nimmt an, daß die gleiche umgekehrte Beziehung auch zwischen Scheidungsrate und Ausbildungsstufe besteht; in den Schichten mit Volksschulabschluß ist die Scheidungsneigung größer als in denen mit High School- oder College-Ausbildung. Diese Beziehung ist allerdings in der farbigen Bevölkerung um-

* Vgl. dazu Band 8 der Reihe »Grundfragen der Soziologie«: William J. *Goode*, Soziologie der Familie, München 1967 (A. d. H.)

gekehrt; hier steigt die Scheidungsrate mit steigender Ausbildung, jedoch bildet die Gruppe mit College-Abschluß eine Ausnahme, in ihr ist die Scheidungsrate fast genauso niedrig wie bei derjenigen mit geringerer Ausbildung. Goode glaubt, die niedrige Scheidungsrate bei den niedrigsten Schichten der Farbigen auf die Tatsache zurückführen zu können, daß hier eine legale Scheidung gar nicht versucht wird, sondern man einfach getrennt lebt.
Gliedert man die Schichten nach dem Einkommen auf, so zeigt sich die gleiche umgekehrte Beziehung von Schichtzugehörigkeit und Scheidung; so war 1949 nach einem Bericht des US-Bevölkerungszensus die Scheidungsrate in der Gruppe, die unter 1000 $ im Jahr verdiente, etwa dreimal höher als in der Gruppe mit 4000 $ Jahresverdienst.

*Schichtung und sexuelle Abweichung**

Die klassischen Studien über das Sexualverhalten von Alfred M. Kinsey und seinen Mitarbeitern ermöglichen es, Beziehungen von Schichtzugehörigkeit und abweichendem sexuellem Verhalten zu untersuchen. Nach Kinseys Daten kann angenommen werden, daß die Neigung zu Homosexualität in der Gruppe, die die High School besucht hat, am größten ist; die Neigung zur Homosexualität ist in den niedrigen Schichten etwa halb so groß wie in der High School-Gruppe und ist auch bei denjenigen mit College-Ausbildung signifikant niedriger. Wird die Häufigkeit des homosexuellen Verkehrs als Prozentsatz des gesamten Sexualverkehrs berechnet und greift man ausschließlich die Gruppe der männlichen Ledigen im Alter von 21 bis 25 Jahren heraus, so ergeben sich für die einzelnen Ausbildungsstufen 0 bis 8, 9 bis 12, 13 und mehr Jahre folgende Anteile: für die niedrigste Ausbildungsstufe 8,06 Prozent, für die Gruppe mit mittlerem Ausbildungsstandard 16,31 Prozent und 3,72 Prozent für die mit College-Ausbildung. Diese Anteile ändern sich jedoch erheblich, wenn die Altersgruppen geändert werden; in der Gruppe der 31- bis 35jährigen liegt der Prozentsatz bei der niedrigsten Ausbildungsstufe dreimal so hoch wie bei der Gruppe der 21- bis 25jährigen. Trotzdem nahm Kinsey an, daß Homosexualität bei denjenigen am weitesten verbreitet ist, die die

* Vgl. dazu Band 7 der Reihe »Grundfragen der Soziologie«: Albert K. *Cohen*, Abweichung und Kontrolle, München 1968 (A. d. H.)

High School zwar begonnen, aber nicht abgeschlossen haben. Dies ist auch die Gruppe, in der am meisten über solche Aktivitäten gesprochen wird. Er schreibt: »Dies sind die Männer, die am häufigsten Homosexualität verdammen, dies Verhalten lächerlich machen, hierfür Verachtung ausdrücken und am häufigsten andere Homosexuelle für ihr Verhalten bestrafen; und doch ist es auch die Gruppe, die den höchsten Anteil an Homosexualität aufweist.«[27]

Zusammenfassung

Die Ergebnisse der oben referierten Untersuchungen, die nur einen Bruchteil vieler ähnlicher Untersuchungen darstellen, können in drei Typen zusammengefaßt werden: (1) eine positive Beziehung zwischen Schichtzugehörigkeit und verschiedenen Phänomenen: je höher die Schichtzugehörigkeit, desto vorherrschender wird das Phänomen, was immer es auch sein mag; (2) eine negative Beziehung: je höher die Schicht, desto weniger häufig tritt das Phänomen auf; (3) eine Zufallsverteilung des Phänomens mit keiner wahrnehmbaren Strukturierung.
Allgemein gilt: Vorherrschend ist eine positive Beziehung von Schichtzugehörigkeit und der Möglichkeit, wünschenswerte Güter im Leben zu erreichen. Jedoch ist eine solche Beziehung stark beeinflußbar durch Faktoren wie Alter, Wohnort, Geschlecht und Rasse.
Die vorhandenen Untersuchungen weisen eine große Anzahl möglicher Kriterien auf, die zur Definition sozio-ökonomischer Standards verwendet werden können. So erfolgt in einigen die Schichteinteilung aufgrund eines einzigen Kriteriums wie Erziehung, Beruf oder Einkommen, in anderen auf der Grundlage subjektiver Kriterien; in wiederum anderen werden mehrere »objektive« Kriterien, wie eine Kombination von Berufsprestige und Einkommen, verwandt.
Die meisten Forscher neigen dazu, ein oder mehrere sogenannte objektive Kriterien wie Ausbildung, Einkommen oder Berufsprestige zu verwenden, wobei allerdings beachtet werden muß, daß Berufsprestige ein stark subjektives Element enthält. Durch diese Vielfalt der Forschungsansätze entstehen natürlich Probleme, da nicht gesagt werden kann, ob die Schichten, die aufgrund verschiedener Kriterien gebildet wurden, überhaupt vergleichbar sind. Bestenfalls können dann so allgemeine Aussagen zu-

stande kommen, daß die wichtigsten Lebensbedingungen in Übereinstimmung mit den sozio-ökonomischen Standards ungleich verteilt sind, wobei die allgemeine soziale Lage durch ein oder mehrere subjektive oder objektive Kriterien angezeigt wird. Wahrscheinlich würden sich durch eine Verwendung gleicher Kriterien auch gleiche allgemeine Strukturmuster auffinden lassen, obwohl auch mit einigen signifikanten Abweichungen gerechnet werden muß.

8. Kapitel

Folgen sozialer Schichtung: II. Lebensstile

Mit dem Begriff *Lebensstil* werden typische Verhaltensweisen von *Statusgruppen* bezeichnet, die über ein vergleichbares Maß an Ansehen verfügen. Zur Unterscheidung *wirtschaftlicher* Klassen, die sich nach ihrer Rolle im *Produktionsprozeß* bestimmen, wird dagegen der Begriff *Lebensbedingungen* verwandt. Benutzte Weber den Begriff Ehre, so interessierte ihn daran, wieviel Anerkennung oder Auszeichnung jemand beanspruchen kann, der sich so benimmt, wie es für ein bestimmtes Maß von Ehre als angemessen gilt.

Für die gegenwärtige Soziologie hat sich die Fragestellung Webers etwas verändert. Es wird untersucht, ob es für verschiedene Schichten tatsächlich deutlich unterscheidbare Lebensstile oder Subkulturen gibt und ob für die Bildung dieser Schichten Macht, Eigentum oder Ansehen besonders maßgebend sind. Zur Analyse von Lebensstilen stehen zwei Ansätze zur Verfügung: Einmal kann gefragt werden, welche Lebensstile sich bei gleichen sozio-ökonomischen Positionen ergeben, oder aber, welche sozio-ökonomischen Eigenschaften aus gleichen Lebensstilen folgen.

Der Begriff *Lebensstil* stimmt oft mit dem Begriff der *Kultur* überein. Ein Unterschied besteht nur insofern, als bei Lebensstil oft an die *Subkultur* einer Schicht innerhalb der Gesamtkultur gedacht wird. Solche Subkulturen sind in Gesellschaften, die Status-Prestige betonen, besonders wahrscheinlich. Individuen werden dort ständig vor die Frage gestellt, ob sie für besondere sozio-ökonomische Positionen auch geeignet sind. Der Zwang zu angemessenem Verhalten kann so subtil sein, daß man gar nicht merkt, wie sehr man sich an Statuserwartungen orientiert.

Freilich kann nicht angenommen werden, daß sich das gesamte Verhalten in einer Gesellschaft an diesen Erwartungen orientiert, wie statusbewußt die Gesellschaft auch sein mag. Es besteht immer die Möglichkeit, daß andere Orientierungskriterien genauso wichtig oder sogar noch wichtiger sind. Gleichzeitig hat der Soziologe zu fragen, wieweit Personen derselben sozio-ökonomischen Stufe Verhaltensweisen teilen, die sich von denen anderer Personen unterscheiden. Ebenso wichtig ist es ferner, ob sich die Personen jeweils darüber im klaren sind, wieweit ihr Verhalten durch statusbedingte Überlegungen beeinflußt ist.

Im Grunde ist der Soziologe unsicher, ob solche Verhaltens- und Bewußtseinsmuster bestehen, und wenn, wie sie für verschiedene Schichten typisch werden. Hierzu gehört auch das Problem verschiedener Glaubens- und Verhaltensmuster innerhalb derselben sozio-ökonomischen Schicht: Warum ähneln Personen *derselben* sozio-ökonomischen Schicht in ihrem Glauben und Tun nicht ihren Schichtgenossen, sondern eher Personen aus anderen Schichten?

Der Lebensstil kann in der soziologischen Analyse auf unterschiedliche Weise gedeutet werden: (1) als Indikator eines bestimmten Bewertungsstandards, in dem z. B. Wohnlage und Haustyp Einteilungskriterien einer Bevölkerung in Schichten sind; (2) als Belohnung oder Folge anderer Ungleichheiten: z. B. kann die Vorliebe und die Möglichkeit, sich einen bestimmten Wohntyp und -platz zu leisten, von dem Einkommen, dem Beruf oder der Erziehung abhängen; (3) als eine Technik, sich einen Anspruch auf ein bestimmtes Maß an Wertschätzung oder Ehre zu verschaffen. Beispiele hierfür sind Fälle, in denen Personen ihren Wohnort wechseln, wenn sie einen neuen sozio-ökonomischen Status erreichen und dessen Anerkennung suchen.

Einige empirische Ergebnisse

Eine von den meistzitierten Studien über Schichtzugehörigkeit und Lebensstil ist das Buch von Herbert Hyman: »Value Systems of Different Classes: A Social-Psychological Contradiction to the Analysis of Stratification«[28]. Hyman beschäftigt sich mit folgenden Problemen: Wird der Wert »erfolgreich sein« von verschiedenen Schichten gleichermaßen akzeptiert? Glauben sie, daß sie hierzu eine Chance haben? Gibt es andere Werte in den einzelnen Schichten, die die Bemühungen, dieses Ziel zu erreichen, fördern oder behindern? Maßgeblich beeinflußt wurde diese Problemstellung durch Hymans Auseinandersetzung mit der These, abweichendes Verhalten sei in verschiedenen Schichten deshalb so disproportional vorhanden, weil für die einzelnen Schichten der Zugang zu den Mitteln, die für die Erreichung allgemein anerkannter Ziele erforderlich sind, recht unterschiedlich verteilt ist. Demgegenüber erhebt Hyman die Frage, ob diese Ziele tatsächlich von allen angestrebt werden. Um diese Frage zu beantworten, führte das National Opinion Research Center (NORC) 1947 eine Untersuchung auf na-

tionaler Ebene durch, die auf einer Stichprobe von 2500 Erwachsenen und 500 Jugendlichen basierte.
Hyman kam zu dem Ergebnis, daß verschiedene Schichten nicht die gleichen Erfolgsvorstellungen haben. Es ergab sich beispielsweise, daß die Notwendigkeit einer College-Ausbildung von verschiedenen Schichten recht unterschiedlich beurteilt wurde, und zwar unabhängig davon, ob diese Schichten durch Berufs- oder Einkommenskriterien oder Kriterien der Wohnungsausgaben gebildet wurden. Diese Unterschiede bleiben auch dann noch bestehen, wenn die jeweilige Alters- und Geschlechtszusammensetzung einer Schicht berücksichtigt wird, obwohl in allen Schichten Frauen im allgemeinen einen größeren Wert auf eine College-Ausbildung legten als Männer. Eine gesonderte Teiluntersuchung der 14- bis 20jährigen führte zu den gleichen Ergebnissen.
Bei der Untersuchung wichtiger Merkmale einer Lebensstellung kam Hyman zu folgenden Ergebnissen: Die Oberschicht betont mehr als alle anderen Schichten die *persönlichen* Aspekte der Arbeit – wie Interesse, Ergiebigkeit der Arbeit und die für die Arbeit nötigen Qualifikationen. Den mittleren und unteren Schichten sind dagegen vor allem ökonomische Überlegungen wichtig, insbesondere die Sicherheit, der Lohn und die Kontinuität einer Beschäftigung. Angesichts der Arbeit, die von diesen Schichten geleistet wird, sind diese Orientierungen nach Ansicht des Autors verständlich. Auch hier modifiziert das Alter die Ergebnisse. Mit zunehmendem Alter erfolgt in allen Schichten ein tendenzieller Ausgleich der Einstellungen. Arbeitnehmer über 40 betonen unabhängig von ihrer Schichtzugehörigkeit vor allem Sicherheit und Stabilität. Im großen ganzen besteht jedoch – so Hyman – eine Tendenz dahin, daß die unteren Schichten Sicherheit gegenüber Einkommen bevorzugen, während die Oberschichten ein begrenztes Risiko in Verbindung mit der Möglichkeit zu höherem Einkommen vorziehen.
Nach Hyman wird dieses allgemeine Muster der Schichtunterschiede von allen weiteren Ergebnissen der NORC-Untersuchung und ebenfalls von anderen Untersuchungen bestätigt. Sehr viel stärker als in den unteren Schichten ist in den oberen Schichten der Glaube verbreitet, daß jeder junge Mann mit entsprechenden Fähigkeiten eine Chance hat, es zu etwas zu bringen; daß die Zukunftschancen gut sind und daß die Qualität der Arbeit und die aufgebrachte Energie sich in beruflichem Erfolg auszahlen. Schließlich unterschieden die einzelnen Schichten sich auch in der Bewertung von Berufen.

Als Zusammenfassung dieser Studie kann festgehalten werden: Durch die ökonomischen Verhältnisse in der amerikanischen Gesellschaft werden die Einstellungen zum Beruf, zu Ehrgeiz und ähnlichen Faktoren, die auf die Entscheidung für eine fortschrittliche Erziehung und wahrscheinlich auch auf die Berufswahl einwirken, stark beeinflußt. Die Folgen, die sich aus diesen Unterschieden ergeben, tragen sowohl zur Erklärung unterschiedlichen abweichenden Verhaltens bei wie auch – was vielleicht noch wichtiger ist – zur Erklärung der Unterschiede verschiedener Karriere- und Erfolgsmuster. Wenn in verschiedenen Schichten auf recht unterschiedliche Weise versucht wird, Erfolg zu haben, sind Unterschiede im Ausmaß der erreichten Erfolge zu erwarten.
Nicht beantwortet wird in dieser Untersuchung, warum verschiedene ökonomische Schichten unterschiedliche Werte und Haltungen vertreten. Man kann nun vermuten, daß bei der Beantwortung dieser Frage folgende Variablen zu berücksichtigen sind: (1) Die Neigung, die Zukunft nach den Erfahrungen der Vergangenheit zu beurteilen; (2) die Wahrnehmung von Erfolgschancen bei älteren Schichtzugehörigen; (3) ein unterschiedliches Verständnis für die Relevanz verschiedener Erfolgsfaktoren, z. B. eine unterschiedliche Beurteilung des ökonomischen Wertes einer guten Ausbildung.

*Charakteristische Merkmale der unteren Arbeiterschicht**

1963 berichteten Albert K. Cohen und Harold Hodges[29] ausführlich über die Struktur der unteren Arbeiterschicht. Zugrunde lag eine Stichprobe von 2600 Familienvätern aus drei kalifornischen Kreisen. Anhand der zuvor gesammelten Zensusdaten wurde die Stichprobe so konstruiert, daß Beruf und Schulbildung repräsentativ vertreten waren.
Cohen und Hodges behaupten, daß die untere Arbeiterschicht die Welt in ziemlich vereinfachten Vorstellungen sieht. Der einzelne gilt als relativ machtlos, seine materiellen Güter sind im Vergleich zu seinen Wünschen und Bedürfnissen gering; dagegen ist er immer wieder der Unsicherheit ausgesetzt, da er unvorhersehbaren Wechseln und Schicksalsschlägen unterworfen ist, gegen die er sich nicht wehren kann.

* Vgl. dazu Heinrich *Popitz* u. a.: Das Gesellschaftsbild des Arbeiters, Soziologische Untersuchungen in der Hüttenindustrie, Tübingen 1957 (A. d. H.)

Zur Bewältigung dieser Lebenssituation ist nach Ansicht der Autoren eine besondere Form der Anpassung notwendig:

»Die unteren Unterschichten müssen einen Lebensstil entwickeln, der ihre Unsicherheit verringert und ihre Macht so verstärkt, daß diese nicht vom Erfolg im universalistischen Sektor (z. B. im Beruf) und von differenzierten Kenntnissen abhängt.«

Erreicht wird diese Anpassung

»... durch den Aufbau eines engen Beziehungsnetzes mit Personen in ähnlicher Lage, die mit einem Gefühl für Status und Wert füreinander sorgen sowie in Notzeiten mit Hilfe und Unterstützung einander beistehen können, und zwar ohne Rücksicht auf Gewandtheit, Durchsetzungsvermögen und Ansehen in der organisierten Arbeitswelt und gegenüber den anonymen Machthabern in den öffentlichen Bürokratien.«[30]

Stimmt die Hypothese über die Bedeutung persönlicher Beziehungen, so müssen sich – nach Ansicht der Autoren – zwischen der unteren Arbeiterschicht und den anderen Schichten zwei wichtige Unterschiede ergeben: (1) Es besteht eine größere Abhängigkeit von solchen persönlichen Bindungen, die in der Häufigkeit, mit der die Unterschichten solche Bindungen eingehen, zum Ausdruck kommt. (2) Unterschichten haben engere Bindungen an ihre Herkunftsfamilien, die auch nach der Heirat von Söhnen oder Töchtern beibehalten werden. Ebenso wird von den Autoren angenommen, daß Angehörige der Unterschicht persönliche Beziehungen mit Freunden und Nachbarn, die sie vor der Ehe eingegangen sind, auch nach ihrer Heirat beibehalten. Unter Umständen kann die Beibehaltung dieser Beziehungen allerdings eine verstärkte Instabilität verursachen, wenn zwischen den älteren und den mit der Heirat neu hinzugekommenen Beziehungen Konflikte entstehen.
Diese Hypothesen werden durch das ermittelte Material bestätigt. Beispielsweise ergeben sich für den monatlichen Verwandtschaftsbesuch folgende Durchschnittswerte: Obere Mittelschicht 2,07; untere Mittelschicht 3,36; obere Unterschicht 3,30; untere Unterschicht 4,06. Bestärkt werden diese Ergebnisse durch die Aufschlüsselung der Prozentsätze von Verwandtschaftsbeziehungen zu allen übrigen Beziehungen. Hier ergeben sich folgende Zahlenwerte: Untere Unterschicht 49, obere Unterschicht 41, untere Mittelschicht 21, obere Mittelschicht 16. Ermittelt wurden diese Zahlenwerte durch die Frage: »Wer sind die Personen, die am häufigsten bei Ihnen zu Hause sind: Nachbarn,

Verwandte, Arbeitskollegen oder Bekannte, die sie anderswo kennengelernt haben?« Ähnliche Ergebnisse ergaben sich auf folgende Frage: »Wer von Ihren vier engsten Freunden, also von denjenigen, die Sie am meisten besuchen oder von denen Sie am meisten besucht werden, lebt in dieser Gegend, und wie viele von diesen sind entweder mit Ihrem Mann oder Ihrer Frau verwandt?« In den einzelnen Schichten ergaben sich folgende Prozentsätze der drei oder vier engsten Freunde, die auch Verwandte sind: untere Unterschicht 56, obere Unterschicht 42, untere Mittelschicht 28, obere Mittelschicht 22. Cohen und Hodges räumen ein, daß diese Ergebnisse von denen anderer Wissenschaftler abweichen. Ursache dieses Widerspruchs ist ihrer Meinung nach die Tatsache, daß in den anderen Untersuchungen nicht zwischen unterer und oberer Unterschicht unterschieden wird.

Mitgliedschaft in freiwilligen Organisationen

1958 teilten Charles Wright und Herbert Hyman die Ergebnisse zweier Untersuchungen (1953 und 1955) der erwachsenen Bevölkerung in den USA mit, wobei die Samplegröße 5000 Personen betrug. Die Zugehörigkeit zu freiwilligen Organisationen wurde mit fünf Indizes des sozialen Status analysiert: Familieneinkommen, Erziehung des Befragten, Einschätzung seines Lebensstandards durch die Interviewer, Beruf des Familienoberhauptes sowie vorhandener oder nichtvorhandener Hausbesitz.

Die Autoren berichten, daß ein merklich größerer Prozentsatz von Personen in höheren Statuspositionen einer Organisation angehörte, und zwar unabhängig von dem jeweils verwandten Index. Während 76 Prozent der Befragten mit einem Familieneinkommen unter 2000 $ keiner Organisation angehören, liegt der Prozentsatz bei einem Familieneinkommen von über 7500 $ bei 48 Prozent.

Tumin und Feldman untersuchten die Zugehörigkeit zu Organisationen in Puerto Rico. Die dazu benutzte Stichprobe war nach absolvierten Schuljahren in fünf Gruppen unterteilt: (0; 1 bis 4; 5 bis 8; 9 bis 12; 13 und mehr). Dabei ergab sich, daß mit wachsender Schulbildung die Wahrscheinlichkeit der Zugehörigkeit zu einer Organisation wächst. Erwachsene, die überhaupt nicht zur Schule gegangen waren, gehörten zu 31 Prozent einer Organisation an; von den Erwachsenen dagegen, die 13 Jahre oder länger eine Schulausbildung genossen hatten, waren knapp 75 Prozent organisiert. Diese Ergebnisse bestätigten also diejenigen von Wright und Hyman.[31]

Schichtung und Religion

Religiosität gehört zu den Verhaltensmustern, von denen man eine Beziehung zur sozialen Schichtung am wenigsten erwartet. Zunehmend mehr empirische Untersuchungsergebnisse belegen jedoch einen vielfältigen Zusammenhang zwischen Schichtung und Religion. Manchmal scheint die Zugehörigkeit zu einer Sekte stark schichtspezifisch zu sein, in anderen Fällen bestehen zwischen der Häufigkeit von Kirchenbesuchen oder anderen Maßstäben für die sogenannte Religiosität und Schichtung enge Beziehungen. Ebenso hängen gewisse Mobilitätsmuster innerhalb der Schichtstruktur mit der Mitgliedschaft in Sekten und der Religiosität zusammen.
1953 untersuchten Wendell Bell und Maryanne T. Force die Zusammenhänge zwischen der Zugehörigkeit zu verschiedenen Kirchen und sozialer Schichtung sowie der Familienstruktur. Aus vier statistischen Bevölkerungskreisen wurde eine Zufallsstichprobe von Männern über 21 gezogen. Insgesamt wurden 701 Personen interviewt. Geschichtet wurde die Stichprobe einmal nach der wirtschaftlichen Struktur der Stadtviertel, wie sie sich aus den vorliegenden statistischen Daten ergab, zum anderen nach der Selbsteinschätzung der Befragten. Hier wurden die Befragten gebeten, sich in die Ober- und Mittelschicht oder in die Arbeiter- und Unterschicht einzustufen. Dabei ergab sich, daß objektive und subjektive Faktoren stark miteinander korrelieren. Wichtigste Ergebnisse der Untersuchung sind:
1. Der Prozentsatz von Katholiken korreliert negativ mit der wirtschaftlichen Struktur eines Stadtviertels.
2. Juden sind in den angesehenen Stadtvierteln stark überrepräsentiert.
3. Werden die wirtschaftliche und die Familiensituation konstant gehalten, dann beanspruchen unter den Männern mehr Protestanten oder Juden eine Zugehörigkeit zur Ober- oder Mittelschicht als Katholiken.
Weiter werden in der Untersuchung Zusammenhänge zwischen der Familiensituation, der wirtschaftlichen Lage und der religiö-

sen Orientierung dargelegt. Die Autoren kommen dabei zu folgender Schlußfolgerung: »... durch religiöse Subkulturen werden Unterschiede in einigen Einstellungen und Verhaltensweisen der jeweiligen Mitglieder stark beeinflußt. Weiter werden durch religiöse Subkulturen Aggregate von Individuen gekennzeichnet, die sich in ihren wirtschaftlichen und Familienmerkmalen erheblich unterscheiden.«[32]

In seiner klassischen Untersuchung »Millhands and Preachers«[33] kam Liston Pope zu dem Ergebnis, daß in Gaston City (North Carolina) die Holiness-Pentacostal-Kirchen zu 92 Prozent aus Mühlenarbeitern bestanden, während mehr als die Hälfte aller anderen Kirchen sich aus Farmern und angesehenen Bürgern zusammensetzte. Walter Goldschmidt[34] und Louis Bultena[35] haben die Ergebnisse Popes bestätigt, daß zu den Holiness-Pentacostal-Gruppen vorwiegend Mitglieder der Unterschichten gehören. Pope berichtet außerdem über den Anteil der Unterschichten an den größeren Religionsgemeinschaften: Baptisten 68 Prozent; Römisch-Katholische 66 Prozent; Lutheraner 53 Prozent; Methodisten 52 Prozent; Juden 46 Prozent; Episkopale 42 Prozent; Presbyterianer 38 Prozent; Kongregationalisten 33 Prozent. Diese Ergebnisse wurden in vier Umfragen mit insgesamt 12000 Interviews während der Jahre 1945 und 1946 ermittelt. Die Untersuchung wurde vom Amerikanischen Institut für Meinungsforschung (AIPO) durchgeführt. Mißt man die Schichtzugehörigkeit auf der Grundlage erreichter Ausbildungsstandards und verwendet man nur den Prozentsatz derjenigen Mitglieder einer jeden Gemeinschaft, die wenigstens High School-Abschluß haben, so ergeben sich aus den gleichen AIPO-Umfragen folgende Prozentzahlen: Baptisten 35; Römisch-Katholische 43; Lutheraner 44; Methodisten 51; Juden 63; Presbyterianer 63; Episkopale 65; Kongregationalisten 71.[36]

Zusammenfassend stellt Pope fest; »Jede amerikanische Gemeinde oder Stadt ... hat ihre eigene Schicht- und Kirchenstruktur, von der das Verhalten in der Gemeinde stark beeinflußt ist. ... Die einzelnen Protestantischen Kirchen sind vorwiegend Schicht-Kirchen, d. h., die Kirchenmitglieder kommen überwiegend aus der gleichen Schicht. ... Der Einfluß der Kirchen nimmt am unteren und oberen Ende der Schichtenhierarchie ab, ist also unter den stark Privilegierten und den stark Benachteiligten am geringsten. So gesehen sind die Kirchen vor allem mit dem Mittelstand verbunden.«[37]

Tumin und Feldman kamen dagegen zu Ergebnissen, die davon recht deutlich abwichen. In ihrer Puerto-Rico-Untersuchung wurde die Stichprobe auf der Grundlage von absolvierten Schuljahren in fünf Gruppen geteilt. Aus dieser Untersuchung ergaben sich unter anderem folgende Ergebnisse: (1) Die Häufigkeit von Gottesdienstbesuchen ist nicht eindeutig von der Schichtzugehörigkeit abhängig. Zwischen Gottesdienstbesuch und sozialer Schichtung lassen sich keine einfachen Abhängigkeiten aufzeigen. (2) Gemessen an der Zahl von Gebeten sind die unteren Schichten etwas religiöser als die oberen. Nimmt man jedoch die Häufigkeit von Gottesdienstbesuchen als Maßstab, so gilt die umgekehrte Beziehung. (3) Die Höhe der monatlichen Spenden bestätigt den erwarteten Unterschied zwischen den einzelnen Schichten. In der Gruppe derer, die keine Schule besucht haben, spenden 14 Prozent im Monat mehr als einen $; in der Gruppe mit College-Erziehung sind es 63 Prozent. (4) Personen, die sich für mehr oder weniger religiös als ihre Eltern halten, sind auf alle Schichten etwa gleich stark verteilt. (5) Der Vergleich der religiösen Einstellung von Eltern und ihren Kindern ergibt überhaupt keine einheitlichen Beziehungen. (6) Der Glaube, daß das Gebet das Leben verändert, ist nicht schichtspezifisch.

Dennoch dürfen die Untersuchungsergebnisse von Puerto Rico und die in den USA gewonnenen Daten nicht als widersprüchlich interpretiert werden. Vielmehr muß in den lateinamerikanischen Ländern die vorherrschende Stellung der katholischen Religion und die traditionelle Nichtbeteiligung der Männer am religiösen Leben berücksichtigt werden. Die unterschiedlichen Ergebnisse sind somit eher ein Beleg für die andersartige Beziehung von Kirche und Gesellschaft.

*Schichtung und Familie**

In ihrer Untersuchung über die untere Arbeiterschicht vertraten Cohen und Hodges die These, daß die Betonung von verwandtschaftlichen Beziehungen ein Verteidigungsmechanismus sei, um das Gefühl der Hilflosigkeit in der Auseinandersetzung mit der Gesamtgesellschaft abzuwehren. Weitere Beziehungen zwischen Schichtung und Familie sind von anderen Forschern

* Vgl. dazu Band 8 der Reihe »Grundfragen der Soziologie«: William J. *Goode*, Soziologie der Familie, München 1967, S. 149 ff. (A. d. H.)

untersucht worden. Die wichtigste neuere Untersuchung ist vielleicht der Moynihan-Bericht (offizielle Bezeichnung: »The Negro Family, The Case for National Action«; US Department of Labor, März 1965). In seiner Analyse der Familienstruktur von Farbigen konzentriert sich Daniel Moynihan vor allem auf die Tatsache, daß in farbigen Familien sehr viel häufiger als in weißen Familien der Vater fehlt. Moynihan vertritt die These, daß das Fehlen des Vaters die Lebensbedingungen von farbigen Kindern ernsthaft beeinflußt. Die Mehrzahl der Negerfamilien ist arm. Die Untersuchung ihrer Lage führt also zu Einsichten in einen besonderen Teil der unteren Unterschicht:

1. Nach der Volkszählung von 1960 lebten in 22,9 Prozent aller farbigen Familien die Väter getrennt von der Familie oder waren geschieden. Bei den weißen Familien war dies nur zu 7,9 Prozent der Fall.
2. Während 21 Prozent der farbigen Familien von einer Frau geleitet wurden, war dies nur zu 9 Prozent bei den weißen Familien der Fall.
3. In ihrer Kindheit erhielten 66 Prozent der farbigen und 8 Prozent der weißen Kinder bei der einen oder anderen Gelegenheit eine Wohlfahrtsunterstützung.
4. 1964 betrug die Scheidungsrate unter den Farbigen 5,1 Prozent und unter den Weißen 3,6 Prozent.
5. Die Rate der unehelichen Kinder ist unter Farbigen achtmal so hoch wie unter Weißen (23,6 gegenüber 3,07 Prozent).

1958 berichteten Paul Glick und Hugh Carter[38] in einem Artikel über unterschiedliche Heiratsmuster in ihrer Abhängigkeit von der erreichten Erziehung. Ermittelt wurden ihre Ergebnisse mit einer Spezialuntersuchung von über 9000 Personen, die zwischen 1947 und 1954 geheiratet hatten. Die erzielten Daten gelten als hinreichend repräsentativ für die USA. Unter anderem sind folgende Ergebnisse wichtig:

1. Obwohl in dem Jahrzehnt von 1940 bis 1950 Jugendliche mit einer besseren Erziehung immer noch später als andere heirateten, verringerte sich der Abstand erheblich. Insgesamt ergab sich eine Tendenz zur früheren Heirat in der erstgenannten Gruppe.
2. Mann und Frau genießen zunehmend die gleiche Erziehung, obwohl mehr Frauen als Männer die Schule ohne High School-Abschluß verlassen.
3. Höhere Schulbildung korreliert mit großer Stabilität, wenn diese in Scheidungsraten und Quoten einer erneuten Heirat gemessen wird.

4. Zwischen Erziehung und Häufigkeit der Wiederheirat besteht eine stark negative Korrelation. Mehr als ein Viertel der kürzlich wiederverheirateten Personen ohne High School-Abschluß war bereits zwei- oder mehrmals verheiratet, wohingegen nur ein Zehntel der College-Absolventen ein zweites Mal geheiratet hatte.

Schichtung und Kindererziehung

Die Art und Weise der Kindererziehung ist ebenfalls von der jeweiligen Schichtlage einer Familie beeinflußt und hat daher Soziologen und Psychologen seit langem interessiert. Während der letzten 25 Jahre wurde in vielen Untersuchungen die These vertreten, daß Kinder in den Unterschichten impulsiv und ungehemmt sind, während die Kinder in den Mittelschichten rationaler und disziplinierter sind und von ihren Eltern mehr angeleitet werden.

Um diese These zu prüfen, hat Urie Bronfenbrenner Material über schichtspezifische Kindererziehung zusammengetragen. Er kommt dabei zu dem Ergebnis, daß die Kindererziehung in den Unter- und Mittelschichten sich heute stärker als früher einander angeglichen hat. Bronfenbrenner weist darauf hin, daß zwischen dem Verhalten von Arbeitereltern und den Werten, die sie ihren Kindern zu vermitteln versuchen, sorgfältig zu unterscheiden ist:

Während der vergangenen 25 Jahre haben Eltern aus der Arbeiterschicht beständig traditionelle Werte der Mittelschichten betont, wie Sauberkeit, Konformität und Selbstdisziplin. Zwar sind ihre Methoden nicht so wirksam wie die ihrer Nachbarn aus den Mittelschichten, sie werden vielleicht aber gerade deswegen mit mehr Nachdruck angewandt.[39]

Schichtung, politische Einstellungen und Verhaltensweisen

Das Verhältnis zwischen sozialer Schichtung und politischer Orientierung – Einstellungen zu Parteien, Wahlverhalten, Einstellungen zu den bürgerlichen Freiheitsrechten usw. – ist oft untersucht worden. Arthur Kornhauser[40] hat in seinem klassischen Artikel über öffentliche Meinung und soziale Schichtung recht genau die Schwierigkeiten erörtert, die mit der Beurteilung des Einflusses von sozialer Schichtung auf die öffentliche Meinung verbunden sind. Er verwies auf die Probleme, die sich aus der Verwendung unterschiedlicher Schicht- und Klassenbegriffe ergeben, und auf inadäquate Analysen der Zusammenhänge verschiedener Schichtkriterien. Weiter betonte er die Schwierigkeiten, die sich bei der Entwicklung eines brauchbaren Kausalmodells ergeben, sowie die überall auftretenden Probleme, die mit den Bemühungen verbunden sind, gesonderte Kriterien zu ermitteln, die den Unterschieden in komplexen Phänomenen wie der öffentlichen Meinung tatsächlich Rechnung tragen.

H. Selvin und Warren O. Hagstrom[41] untersuchten eine Stichprobe von 900 Studenten in Berkeley, der Universität von Kalifornien. Den Studenten wurde eine Reihe von Fragen vorgelegt, von deren Beantwortung auf eine freiheitliche bürgerliche Ordnung geschlossen werden konnte. Zu den Kriterien dafür gehörten der Glaube an die Freiheitsrechte der Rede, Versammlung, Presse und Religion. Nimmt man die väterlichen Berufe als Schichtungskriterium, so haben Studenten von Arbeitereltern die liberalste Einstellung. Zur Erklärung dieser Tatsache verweisen die Autoren darauf, daß diese Studenten von ihren Eltern finanziell unabhängiger als andere Studenten sind, da sie ihren Unterhalt selbst verdienen. Ihre größere finanzielle Unabhängigkeit »korreliert stark mit einer liberaleren Einstellung als die ihrer Eltern«. Unterschiede in der liberalen Einstellung gleichen sich aus, wenn der Student eine höhere Semesterzahl erreicht hat, da dann die Studentenschaft insgesamt liberaler ist. Als Ursache dieser relativen Homogenität unter den Studenten gelten die abnehmende Bedeutung mitgebrachter sozialer Positionen und die zunehmende Bedeutung eines durch die Universität vermittelten sozialen Status sowie der zunehmende Einfluß der liberalen Einstellungen der Fakultät, der die weniger liberale Haltung der Eltern zurücktreten läßt.
S. M. Lipset[42] erörterte die These der konservativen und autoritären Einstellung der Arbeiterschicht. Er versuchte zu zeigen, inwiefern diese These für verschiedene Länder zutrifft. Hierzu unterschied Lipset zwischen wirtschaftlich und politisch liberalen Einstellungen. Auf wirtschaftliche Fragen reagieren die »ärmeren Schichten liberaler oder linker«; wird dagegen nach nichtökonomischen Einstellungen gefragt, z. B. nach Bürgerrechten oder internationaler Orientierung, so sind die ärmeren Schichten intoleranter als die wohlhabenderen.

Für die amerikanische Situation unterwirft Lipset einige Daten des Buches »Communism, Conformity and Civil Liberties«[43] von Samuel Stouffer einer Sekundäranalyse. Definiert man eine Schichtposition mit Berufs- und Ausbildungsindizes, so ergibt sich für die beiden Gruppen, deren politische Einstellungen am tolerantesten sind, folgende Verteilung:

Angestellte in hoher Position mit College-Abschluß	83 Prozent
Angestellte in niedriger Position mit Collegebesuch, aber ohne Abschluß	64 Prozent
Hoch bewertete körperliche Arbeit, High School-Abschluß	48 Prozent
Niedrig bewertete körperliche Arbeit, High School-Abschluß	40 Prozent
Niedrig bewertete körperliche Arbeit, Grundschule	13 Prozent

Lipset weist darauf hin, daß zwar bei gleicher Ausbildung Berufsstatus und Toleranz positiv korrelieren, daß aber die Zuwachsraten an liberaler Einstellung, die durch eine bessere Schul- und Universitätsausbildung bedingt werden, bedeutend größer sind als die, die sich bei einem höher bewerteten Beruf ergeben. Nach Lipset hängt eine hohe Wahlbeteiligung – analysiert werden Zahlenangaben aus der Bundesrepublik Deutschland – von folgenden Faktoren ab: hohes Einkommen, gute Schul- und Universitätsausbildung, mittlere bis ältere Altersgruppe, verheiratet, männliches Mitglied von Organisationen.

Berufsverteilungen weisen jedoch nicht auf ein schichtspezifisches politisches Verhalten hin. Weiter kommt Lipset zu dem Ergebnis, daß im Gegensatz zu den USA Arbeiter in Westeuropa eine höhere Wahlbeteiligung als Nicht-Arbeiter haben. Schließlich wird die Hypothese formuliert, »daß unter kleinen Geschäftsleuten, deren liberale Philosophie dem 19. Jahrhundert entlehnt ist, Autoritarismus und Rechtsextremismus am wahrscheinlichsten sind. Diese Gruppen fühlen sich in den bestehenden politischen Strukturen am schlechtesten repräsentiert.«

Richard Hamilton untersuchte die sogenannte »Marginale Mittelschicht«[44]. Hierbei handelt es sich um den Teil (mehr als die Hälfte) der Büroangestellten und Verkäufer, die sich bei entsprechenden Fragen eher mit der Arbeiter- als mit der Mittelschicht identifizieren. Hamiltons Ergebnisse widersprechen denen von Lipset. Für seine Analyse verwandte Hamilton die Daten der USA-Präsidentenwahlen von 1956, die vom Michigan Survey Research Center zur Verfügung gestellt wurden. In einer Reihe von Punkten – einschließlich autoritärer Einstellung – verglich Hamilton die marginale Mittelschichtgruppe mit gelernten Arbeitern und anderen Angehörigen der Mittelschicht. Entgegen den normalerweise bestehenden Behauptungen und Erwartungen kam Hamilton zu dem Ergebnis, daß die marginale Gruppe eher als die gelernten Arbeiter, die sich mit der Mittelschicht identifizierten, eine Intervention der Regierung zugunsten einer fairen Behandlung der Farbigen in Berufs- und Wohnungsfragen begrüßt. Ferner fehlten signifikante Unterschiede in der Einstellung zur Unterstützung der Schulintegration durch die Regierung. Anhand dieser Frage ließen sich weder Arbeiter und Nichtarbeiter noch diejenigen, die sich mit der Arbeiterschicht oder den Nichtarbeitern identifizierten, hinreichend genau unterscheiden. Hamilton ist der Ansicht, daß diese Ergebnisse zumindest indirekt die These eines größeren Arbeiter-Autoritarismus ernsthaft in Frage stellen.

In ihrer Studie »Social and Economic Factors and Negro Voter Registration in the South« untersuchten D. Matthews und J. Prothro[45] die Gründe für die unterschiedlichen Raten der Neger, die sich zur Wahl einschreiben lassen. Unter den verschiedenen sozialen und ökonomischen Variablen, die die Struktur der in den 11 Südstaaten zur Untersuchung ausgewählten Kreise bestimmen, korrelieren die folgenden drei besonders hoch mit dem Anteil der wahlfähigen und registrierten Farbigen: der Anteil der Farbigen an den Angestelltenberufen, der Durchschnitt der von den Farbigen absolvierten Schuljahre und ihr Durchschnittseinkommen. Allgemein stellen beide Autoren fest: Je höher die Ausbildung, der Beruf oder das Einkommen einer Person ist, desto wahrscheinlicher ist es, daß sie am politischen Leben teilnimmt. In der gegenwärtigen Forschung über die Bedingungen politischer Beteiligung gehört diese These zu den am besten belegten Verallgemeinerungen.

Von mehreren Wissenschaftlern ist der Zusammenhang von Schichtzugehörigkeit und Wahlverhalten untersucht worden, wobei Schichtung jeweils durch objektive und subjektive Kriterien bestimmt wurde. In einer dieser Untersuchungen berechnete Robert Alford[46] den Anteil von klassenorientierten Stimmabgaben für vier Länder. Zur Messung der schichtspezifischen Stimmabgabe wurde von Alford folgender Index entwikkelt: I = Prozentsatz der linkswählenden Arbeiter minus Prozentsatz der linkswählenden Nichtarbeiter.

Für die Jahre 1952 bis 1962 ergeben sich dabei die in der Tabelle 5 wiedergegebenen Werte:[47]

Tabelle 5: Schichtspezifisches Wahlverhalten*

Land	Index für schichtspezifisches Wahlverhalten			Zahl der zugrunde liegenden Untersuchungen
	Durchschnitt	Höchste Rate	Niedrigste Rate	
Großbritannien	40	44	35	8
Australien	33	37	27	10
USA	16	23	13	5
Kanada	8	17	1	10

Alford interessierten die Veränderungen, die sich ergeben, wenn Schichten nach verschiedenen Kriterien gebildet werden. Dazu errechnete er den Index schichtspezifischen Wahlverhaltens für Schichten, die durch verschiedene Kombinationen zweier Merkmale gebildet werden. Die Ergebnisse zeigt Tabelle 6: [48]

Tabelle 6: Schichtspezifisches Wahlverhalten, definiert durch zwei Schichtmerkmale; Zeitraum 1952 bis 1962

Land	Durchschnittswerte			
	Ausbildung und Beruf	Einkommen und Beruf	Subjektive Schichtzugehörigkeit und Beruf	Zugehörigkeit zur Gewerkschaft und Beruf
Großbritannien	57	52	53	51
Australien	43	46	47	46
USA	26	31	35	22
Kanada	10	11	12	16

Nach Alfords Ansicht belegen diese Zahlen deutlich, daß Großbritannien und Australien stärker schichtspezifisch wählen als die USA und Kanada. In keinem dieser Länder stimmt die Arbeiterschicht einheitlich links. Der Prozentsatz der Personen, die

* Vgl. dazu Erwin K. *Scheuch* und Rudolf *Wildenmann* (Hg.): Zur Soziologie der Wahl, Sonderheft 9 der Kölner Zeitschrift für Soziologie und Sozialpsychologie, Köln 1965 (A. d. H.)

eine andere als ihre »eigentliche« Partei wählen, beläuft sich immer auf mindestens 20 Prozent, so daß der Index des schichtspezifischen Wahlverhaltens niemals über 60 Prozent steigt (d. h. 80 Prozent minus 20 Prozent)*. Alford nimmt an, daß diese Zahlen auf deutlich bestehende Schichtstrukturen verweisen, gleichzeitig jedoch auch echten politischen Konsensus anzeigen. Schließlich vertritt er die These, daß die Unterschiede in den einzelnen Ländern verursacht werden durch das unterschiedliche Ausmaß, in dem die Parteien der jeweiligen Länder Schichtinteressen vertreten oder an Schichtinteressen appellieren oder historisch über »Schichtloyalität« verfügen.

Schicht und Persönlichkeit

Geht man davon aus, daß es schichtspezifische Subkulturen gibt, so kann man annehmen, daß Angehörige einer Schicht eine untereinander irgendwie ähnliche »Schichtpersönlichkeit« haben, die von Schicht zu Schicht variiert. Zugrunde gelegt wird hierbei die Annahme, daß die Persönlichkeit eines Individuums in irgendeiner Weise von den Werten und dem Verhalten beeinflußt ist, das für die Mitgliedschaft einer Subkultur als adäquat gilt. Dale Fitzgerald[49] hat die Literatur über Schicht und Persönlichkeit bearbeitet und dabei festgestellt, daß Persönlichkeiten zwar Schichtgrenzen überspringen können, man jedoch in verschiedenen Schichten unterschiedliche Prozentsätze solcher Persönlichkeiten erwarten kann. Diese Erwartung beruht auf der Annahme, daß in den einzelnen Schichten die Familieninteressen ... »sich beachtlich unterscheiden. Die Oberschicht hat ein Interesse an der Erhaltung ihrer gesellschaftlichen Position, während die Mittelschicht stark leistungs- und aufstiegsorientiert ist und die Unterschichten sich mit Problemen wie Unterhaltssicherung sowie der Furcht vor Krankheit, wirtschaftlicher Unsicherheit und Arbeitslosigkeit auseinandersetzen müssen.« Zu den wichtigsten Thesen über schichtspezifische Persönlichkeitsmerkmale, die Fitzgerald in den verschiedenen Untersuchungen fand, gehören die folgenden:

1. Frauen in den Unterschichten besitzen ein geringeres Vorstellungsvermögen, eine geringere Kontrolle ihrer impulsiven Ge-

* 80 Prozent bedeutet die Höhe der angenommenen durchschnittlichen Wahlbeteiligung. (A. d. H.)

fühle, eine größere Angst vor Unbekanntem und eine größere Sorge, sich nicht durchsetzen zu können.

2. Frauen in den Unterschichten bestimmen die wichtigen Entscheidungen im Haushalt.

3. In den Unterschichten besteht eine geringere Neigung, Belohnungen aufzuschieben.

4. Frauen und Männer sind in den Unterschichten emotional direkter und unbeherrschter.

5. Die Eltern-Kind-Beziehungen sind in den Unterschichten psychologisch karger, starrer und stärker hierarchisch.

6. Kinder in den Mittelschichten sind wegen der Betonung von Status und Leistung ängstlicher sowie wegen des starken Nachdrucks auf moralische Entwicklung schuldbewußter.

7. Die Mittelschichten sind stärker erfolgsorientiert und entwickeln die hierzu erforderlichen Verhaltensweisen.

8. In den Unterschichten ist der Anteil an autoritären Persönlichkeiten größer, als er es in den Mittel- und Oberschichten zu sein pflegt.

9. In den Unterschichten ist das Gefühl der Hilflosigkeit und Machtlosigkeit sowie das Mißtrauen gegenüber der Welt, die allgemein als feindlich gilt, größer.[50]

Diese Ergebnisse dürfen aber nur mit Vorsicht übernommen werden. Trotzdem kann man annehmen, daß verschiedene soziale Schichten die Welt unterschiedlich sehen, daß sie von sich selbst in dieser Welt unterschiedliche Vorstellungen haben und daß in den einzelnen Schichten zumindest partiell verschiedene Verfahren bestehen, soziale Beziehungen anzuknüpfen und darin Routine zu erwerben. Hinreichend belegt ist folgende Hypothese: Unterschichten sind weniger Risiko-orientiert als Mittelschichten und betonen eher Sicherheit als Erfolg. Diese unterschiedlichen Orientierungen sind angesichts der verschiedenen Lebenssituationen in den einzelnen Schichten verständlich. Unterschichten ziehen eine Kombination von geringem Einkommen und hoher Sicherheit allen anderen Kombinationen deutlich vor. Um diese These zu belegen, stellte Ephraim Mizruchi folgende Frage: »Sind Sie der Ansicht, daß man ein Risiko eingehen soll, wenn man damit die eigene Lage verbessern kann, oder sollte man mit dem, was man hat, zufrieden sein?« Zur Auswertung verwandte Mizruchi eine in fünf Schichten gegliederte Stichprobe. Die Ergebnisse sind in der Tabelle 7 enthalten:[51]

Tabelle 7: Soziale Schichtung und Wertschätzung von Risiko (in Prozent)

	Hohe I, II	III	Schicht IV	Niedrige V	Prozentsatz insgesamt	Zahl insgesamt
man sollte ein Risiko eingehen	93	82	68	64	74	156
man sollte zufrieden sein	7	18	32	36	26	54
Summe	100	100	100	100	100	210

Bei der Verallgemeinerung solcher Resultate muß man vorsichtig sein. Die Wahrscheinlichkeit ist groß, daß deutliche Unterschiede in den Lebensbedingungen einzelner Schichten in verschiedenen Gesellschaften sehr unterschiedliche Haltungen zur Folge haben können. So kamen Tumin und Feldman für Puerto Rico zu dem Ergebnis, daß trotz offensichtlicher und eindeutiger Ungleichheiten in *allen* Bevölkerungsteilen eine sehr hohe Moral besteht, da die vorhandenen Ungleichheiten nicht als unüberwindlich gelten.

»Die soziale Ordnung wird von allen Schichten als ein vernünftiges und faires Arrangement angesehen. Die Mitglieder aller Schichten fühlen sich gut integriert und unterstützen die Gesellschaft in ihren Entwicklungsbemühungen. Mit dieser Einstellung sind die Menschen in allen Schichten für die Zukunft relativ gut ausgerüstet, obwohl die erforderlichen Fertigkeiten sehr ungleich verteilt sind.«[52]

Zusammenfassung

In diesem Kapitel sind viele Formen möglicher Lebensstile dargestellt und mehrere Untersuchungen zitiert worden, in denen die Bedeutung von sozialer Schichtung für die Zusammenhänge mit diesen Formen der Lebensführung erörtert wurde. Obwohl die Belege ebenso wie die Schichten recht unterschiedlich sind, besteht in den Untersuchungen doch die Tendenz, den allgemein vorherrschenden Eindruck zu stützen, daß die verschiedenen Schichten in irgendeiner Weise zu den institutionellen Mustern ihrer Gesellschaft in Verbindung stehen und daß die einzelnen Schichten die Welt mit unterschiedlichen Vorstellungen wahrnehmen. Ferner besteht eine relative Einigkeit darüber, daß Kindererziehung und Religionsausübung zumindest teilweise schichtspezifisch geprägt sind. Ungleiche Verteilung von Eigentum, Macht und Prestige wirkt sich also nicht nur auf die erwerbbaren und die zu sichernden Lebensbedingungen aus, sondern auch auf zentrale Einstellungen und Handlungsformen. Die Schichtung von Lebensstilen tendiert dazu, bestehende Schichtunterschiede zu verstärken, denn die kulturelle Sichtbarkeit und Absonderung der zunächst durch ungleiche Lebensbedingungen gebildeten Schichten können ihrerseits wiederum diese Unterschiede verstärken und so sozialen Wandel und Mobilität behindern.

9. Kapitel

Methodenprobleme

Ungleiche Verteilung von Eigentum, Macht und Wertschätzung hängt oft mit unterschiedlichen Lebensbedingungen und Lebensstilen zusammen. Fragen zu diesem Zusammenhang sind für den Soziologen von besonderer Bedeutung. Gibt es kausale Beziehungen zwischen den genannten Bereichen? Gibt es reziproke Auswirkungen? Gibt es Strukturen von Lebensstilen, deren Entstehung und Dauer wenig mit Unterschieden in Macht und Eigentum zu tun haben?

Die beiden wichtigsten Verfahren

Die moderne Soziologie hat für dieses Problem hauptsächlich zwei Ansätze entwickelt. Der eine ist der marxistische, der behauptet, daß Eigentumsungleichheit die Grundlage ist, aus der sich alle anderen Ungleichheiten direkt oder indirekt ableiten lassen.* Aus diesem Grund glauben die Anhänger dieses Ansatzes, daß man in Gesellschaften, in denen Eigentumsunterschiede und damit zusammenhängende Variable wie Ausbildungsunterschiede eine wesentliche Rolle spielen, die unterschiedlichen Aspekte von Lebensbedingungen und Lebensstilen besser erfassen kann, wenn man sie aus der ungleichen Verteilung von Eigentum ableitet, als wenn man andere Untersuchungskriterien zugrunde legt.
Die zweite große Tradition hat ihren intellektuellen Ursprung vor allem in den Beobachtungen Max Webers, die sich mit der Bedeutung nichtökonomischer Faktoren wie *Status* und *Ehre* befaßten. W. L. Warner, von diesen Weberschen Beobachtungen beeinflußt, war unter den ersten, die für die Analyse von Schichtung eine neue Verfahrensweise entwickelten, in der die Schichten aus Personen mit gleicher sozialer Wertschätzung und gleicher Selbsteinschätzung bestehen.

Zu einer solchen Schichteinteilung werden die Daten etwa durch folgende Fragen ermittelt:

* Diese Charakteristik stellt den marxistischen Ansatz zu verkürzt dar; angesetzt werden müßte bei der Verfügungsgewalt über Produktionsmittel. (A. d. H.)

1. Nach welchen Kriterien betrachten Mitglieder einer Gesellschaft einander als gleich oder ungleich?
2. Welches Gewicht erhält jedes dieser Kriterien?
3. In wie viele Gruppen wird die Gesellschaft eingeteilt?
4. Wie schätzen diese Gruppen sich selber ein?
5. Wie werden sie von anderen Gruppen eingeschätzt?
6. Wer steht mit wem bei verschiedenen sozialen Zusammenhängen in Kontakt?

Die vorherrschende Tradition dieses Ansatzes stammt hauptsächlich aus der Studie über Yankee City von Warner und seinen Mitarbeitern, die in den dreißiger Jahren entstand. Sie unterscheidet in allen Gesellschaften sechs Schichten, in denen die drei Hauptschichten, obere, mittlere und untere, wiederum in zwei Hälften unterteilt werden. Die sich daraus ergebenden UU, LU, UM, LM, UL, LL-Schichten* sind mittlerweile allen Soziologen bekannt. Warner versuchte dann, Strukturen von Berufszielen und psychische Krankheitsraten zu ermitteln, um damit festzustellen, wieweit diese angenommenen »abhängigen Variablen« mit der Schichtmitgliedschaft korrelieren.
Dieser Ansatz setzt sich in mehrfacher Hinsicht scharf von dem marxistischen ab: einmal in der Vielfalt der Kriterien, die Warner verwendet – gegenüber der relativen Einfachheit der marxistischen Methode, die die Schichten nach Einkommen oder Eigentum einteilt; zweitens versucht der marxistische Ansatz im allgemeinen kaum, Bewertungsurteile der Befragten oder unabhängiger Beobachter als Grundlage für Schichteinteilungen einzubeziehen, während sich der Warnersche Ansatz auch stark auf solche Urteile stützt; drittens ist es im Gegensatz zu den Marxisten das Hauptanliegen Warners, die Strukturen sozialer Gesellung aufzufinden.
Der entscheidende Unterschied zwischen den beiden Ansätzen liegt darin, daß Warner versucht, schon eine beträchtliche Anzahl von Variablen mit in die Schichtdefinition hineinzunehmen, während die Marxisten Schichten aufgrund einfacher Einkommensindizes konstruieren und die »Variablen« zur Prüfung offenlassen. Demgegenüber liegt bei den Anhängern Warners die Annahme zugrunde, daß Merkmalskombinationen wie Wohnort, Beruf, allgemeine Wertschätzung usw. entscheidende Determinanten für Lebensbedingungen und Lebensstile sind – wäh-

* UU = upper upper; LU = lower upper; UM =upper middle; LM = lower middle; UL = upper lower; LL = lower lower (A. d. Ü.)

rend die Marxisten davon ausgehen, daß Unterschiede im Einkommen und, damit verbunden, in den Machtbefugnissen zu Unterschieden in Lebensbedingungen und Lebensstilen führen. Was so zunächst als ein Unterschied in der Definition von Klasse in den beiden Ansätzen erschien, erweist sich bei genauerem Hinsehen als Differenz in den zugrunde gelegten Theorien der Verursachung.

Es zeigt sich deutlich, daß man je nach gewähltem Ansatz zu sehr unterschiedlichen Beurteilungen des Schichtungssystems einer Gesellschaft gelangt. Der Gegensatz der aufgeführten Verfahrensweisen wirft einige fundamentale Fragen auf, die jeder, der sich mit Schichtung befaßt, zu beantworten hat.

Zwei Hauptfragen

Die zwei wichtigsten Fragen lauten: (1) Wie viele Schichten sind zu unterscheiden? (2) Welche Schichtungskriterien sind zu verwenden?

a) Wie viele Schichten?

Die meisten Soziologen stimmen darin überein, daß in modernen Gesellschaften nicht von einer »natürlichen« Anzahl von Schichten gesprochen werden kann; außerdem gibt es keine feststehende Regel, nach der gesagt werden kann, daß es besser ist, eine Gesellschaft nach zwei, drei oder mehr Schichten zu gliedern. Obwohl auch früher die Schichteinteilung sicher nicht so klar war, wie man vielfach angenommen hat, so war es doch unproblematischer, Adlige, Freie und Sklaven zu unterscheiden oder im Mittelalter die Stände, die einzeln benannt und auch relativ deutlich voneinander abgegrenzt waren. Jedoch weist der polnische Soziologe Ossowski darauf hin, daß schon zu Zeiten Adam Smiths Begriffe wie »soziale Schicht« und »soziale Wertschätzung« als austauschbar behandelt wurden.[53]

In die Überlegungen über die Zahl der anzunehmenden Schichten muß die Frage nach den Kriterien schon mit eingehen. Wenn z. B. eine Gesellschaft aufgrund der Kriterien »Einkommen« und »Ausbildung« in Schichten eingeteilt wird, so kann zwar vorausgesetzt werden, daß diese beiden Kriterien miteinander in Beziehung stehen, aber keineswegs, daß sie vollständig miteinander korrelieren. Demzufolge sind zahlreiche Kombinationen möglich, und eine scharfe Trennung verschiedener Schichten wird sehr schwierig. Unterscheidet man nur drei Einkommens- und Ausbildungskriterien, so ergeben sich schon neun mögliche Kombinationen:

hohes Einkommen mit hoher, mittlerer oder niedriger Ausbildung;

mittleres Einkommen mit hoher, mittlerer oder niedriger Ausbildung;

niedriges Einkommen mit hoher, mittlerer oder niedriger Ausbildung.

Obwohl es unwahrscheinlich ist, daß die Bevölkerung über alle neun Kategorien hin gleich verteilt ist, und sicher auch die inkongruenten Schichtungstypen – wie z. B. solche mit hohem Einkommen und geringer Ausbildung oder umgekehrt – nur gering besetzt sind, müssen sie doch vom Soziologen beachtet werden. Dies zeigt, daß bei der Verwendung von noch mehr Schichtungskriterien die Komplexität der Untersuchung zu groß wird.

Bei der Entscheidung über die zu verwendende Anzahl von Schichten muß berücksichtigt werden, welche Verhaltensmuster verstanden und erklärt werden sollen und wie gut entwickelt das Erklärungssystem ist. Auch wenn die Entscheidung in der Hand des Forschers liegt, muß er doch sein Verfahren durch eine größere Erklärungsfähigkeit von unterschiedlichen Lebenschancen und Lebensstilen im Vergleich mit anderen Ansätzen rechtfertigen.

Die Notwendigkeit der Verwendung solcher Leitlinien wird illustriert durch die Beantwortung der Frage, wie viele Einkommens-Schichten es in den USA gibt. Versucht man Einkommensdaten herauszugreifen und die zugehörigen Bevölkerungsgruppen zu bestimmen, so stellt man fest, daß es Tausende solcher Einkommenskategorien gibt, nach denen die Bevölkerung geordnet werden könnte. Eine so große Anzahl von Unterscheidungen ist aber für die Forschung unbrauchbar. Wie müssen wir aber dann entscheiden, um spezifizierte oder unterscheidbare Einkommenskategorien zu erhalten? Normalerweise gibt es auf den Einkommensskalen keine natürlichen Einschnitte, sie verlaufen kontinuierlich. Daher muß aufgrund unserer Kriterien sowohl entschieden werden, wie viele Einkommensgruppen zu wählen sind, als auch, wo auf der Einkommensskala Einschnitte vorgenommen werden sollen. Eine Möglichkeit (die ebenso willkürlich ist wie alle anderen) besteht in einer Zweiteilung der Einkommen in oben und unten oder auch in einer Dreiteilung.

Von Zeit zu Zeit findet man allerdings auch *natürliche* Einbruchstellen in der Einkommensskala. Immer wieder gab es ausgedehnte Diskussionen über die Grenzen des Existenzminimums. Anhand dieser Grenze könnte man z. B. Schichten danach gliedern, ob sie mehr oder weniger verdienen. So könnte man auch das *mittlere* Einkommen aller beschäftigten Arbeiter als Einschnitt nehmen und die Schichten danach einteilen, ob sie mehr oder weniger als dieses mittlere Einkommen verdienen. Auf diese Weise könnten die gewählten Einschnittstellen eher mit politischen Unterteilungen, die in der Öffentlichkeit eine Rolle spielen, in Einklang gebracht werden. Angesichts der Willkürlichkeit der Auswahl von Bewertungskriterien sollten sie nur mit aller Vorsicht verwendet werden, welche Vorteile eine solche Unterscheidung auch immer haben mag.

b) Welche Kriterien?

Die Frage, welche Kriterien am besten geeignet sind, eine Gesellschaft in Schichten zu gliedern, kann etwa in der gleichen Weise beantwortet werden wie die Frage nach der Anzahl der Schichten. Allerdings ist bei der Frage nach den Schichtungskriterien die Willkürlichkeit der Auswahl geringer. Zwar sind auch hier die Interessen des Forschers sehr wichtig, doch gibt es bezüglich der Schichtung eine wachsende Anzahl von Ereignissen, die von vorneherein gewisse Kriterien der Unterscheidung ergiebiger erscheinen lassen als andere. So sind z. B. bei der Erfassung von unterschiedlichen Lebensbedingungen – wie Kindersterblichkeit oder psychische Krankheiten – sozio-ökonomische Faktoren, einschließlich Beruf, Einkommen und Ausbildung, sicherlich die brauchbarsten Maßstäbe, um eine Bevölkerung in Schichten zu gliedern. Immer wieder haben Untersuchungen belegt, daß die Durchschnittsraten solcher Ereignisse wie Kindersterblichkeit, physische oder psychische Krankheiten, deutlich nach einem Index des sozio-ökonomischen Wohlstandes differenziert werden können.

In dieser Beziehung ist die Studie von Hollingshead und Redlich interessant (»Social Class and Mental Illness«[54]), in der angenommen wird, daß signifikante Beziehungen zwischen Schichtpositionen und folgenden Faktoren bestehen: (1) der Häufigkeit von behandelten psychischen Krankheiten; (2) den Arten der diagnostizierten psychischen Krankheiten; (3) der Art der verordneten psychiatrischen Behandlung; (4) den sozialen und psychodynamischen Faktoren der Krankheitsentwicklung. Bei der Entscheidung über die Anzahl der Schichten hielten die Forscher aufgrund früherer Untersuchungen eine Einteilung in fünf Schichten für die beste. Entsprechend ließen sie jede Familieneinheit durch zwei Sachverständige in eine der fünf Schichten einordnen, und zwar aufgrund folgender Kriterien: »... (a) der Wohngegend der Familie; (b) Art der Lebensführung; und (c) des Geschmacks, der kulturellen Orientierung und des Freizeitverhaltens ...«.

In bezug auf das Verhältnis von Schicht und Gesundheit arbeiteten die Autoren mit folgenden Annahmen:

Erstens: Die Sozialstruktur unserer Gesellschaft wird durch ein Schichtensystem gekennzeichnet. Zweitens: Individuen, die in einer bestimmten Schicht leben, sind Lebensproblemen ausgesetzt, die in solchen emotionalen und psychischen Reaktionen und Krankheiten Ausdruck finden, die in Quantität und Qualität von denen anderer Schichten unterschieden sind. Drittens: Psychiater, die für die Diagnose und Behandlung psychischer Krankheiten verantwortlich sind, werden als Mitglieder der Gesellschaft von deren Wertsystem kontrolliert.... Viertens: Die Arbeitsregeln der Psychiatrie werden in einer Weise gehandhabt, die implizit mit Schichtstatus verbunden ist. Fünftens: Psychische Krankheit wird sozial definiert, d. h., was auch immer ein Psychiater behandelt oder was er behandeln soll, muß als psychische Krankheit angesehen werden.[55]

Anhand dieser Argumentationskette und aufgrund der früheren Untersuchungen sehen wir, warum die Forscher diese Kriterien wählten und die Schichten wie beschrieben bildeten. Schließlich zeigt sich die Rolle des eigenen Interesses an den Fragen, die die Forscher an die Untersuchung stellten. Wie zu Anfang berichtet, waren sie an solchen Problemen interessiert wie der Frage: »Ist das Vorhandensein psychischer Krankheit in der Bevölkerung verbunden mit Schichtpositionen? Ist die Behandlung, die ein psychisch Kranker in unserer Gesellschaft erfährt, eine Auswirkung seiner Schichtposition?« Setzt man das Interesse der Forscher an der Verteilung psychischer Krankheiten voraus, so ist es nur natürlich, daß sie als Soziologen auf den Zusammenhang von Schichtung und Krankheit stießen.

Wir erhalten hier wichtige Anhaltspunkte für die Komplexität der Faktoren, die im Entwurf einer Schichtungsuntersuchung enthalten sind, sowie über die Komplexität der Fragen und methodologischen Prozeduren, mit denen die Wissenschaftler sich auseinandersetzen müssen. An dieser Untersuchung kann

man ebenfalls sehen, daß die Anzahl und Art der Kriterien, die zur Unterscheidung von Schichten verwandt werden, von der vorausgesetzten Schichtdefinition abhängen, d. h. davon, welcher Begriff von Schichtung und ihrer Zusammensetzung unterstellt wird, sowie davon, was als Ursache und was als Wirkung aufgefaßt werden soll.
Da Hollingshead und Redlich Schichten durch eine ganze *Anzahl* sowohl objektiver als auch bewertender Kriterien definierten und dann herausfanden, daß es eine schichtspezifische Verteilung der Häufigkeit psychischer Krankheiten und der Arten ihrer Behandlung gibt, waren sie verpflichtet aufzuzeigen, welche Muster *schon durch diese Definition* von Schicht zu einem solchen Ergebnis führen mußten. Kurz: Was ist schon in Wohnung, Beruf, Geschmack und Bewertung enthalten, das bestimmte Muster psychischer Krankheiten verursacht?
Man kann sich auch fragen, welche Strukturen psychischer Krankheiten und ihrer Behandlung sich ergeben hätten, wenn Schichten allein aufgrund von Ausbildungsstufen, Einkommen oder Beruf gebildet worden wären. Und falls bei diesen einfacher konstruierten Schichten andere Strukturen hervorgetreten wären, müßte man sich fragen, ob es irgendwelche Möglichkeiten gibt, um zu bestimmen, welche Ergebnisreihe genauer ist.
Die vorangegangenen Fragen zeigen deutlich, auf welch vielfältige Art und Weise das Studium der Schichtung ansetzen kann und wieviel verschiedene Argumente benutzt werden können, um einen Ansatz dem anderen gegenüber zu rechtfertigen. Jeder dieser Ansätze ist für die Untersuchung von Schichtung geeignet – jeder hat seine Vorteile und Nachteile; dieser Tatsache muß man sich von vorneherein bewußt sein.

Nationale und kommunale Stichproben

Eine wichtige Entscheidung in jeder Schichtungsuntersuchung bezieht sich auf die Art der Grundgesamtheit, die man zur Analyse wählt. Wenn Verallgemeinerungen mit einer hohen Wahrscheinlichkeit für eine umfassende Gesellschaft gesucht werden, so ist man genötigt, eine große Stichprobe aus der Bevölkerung zu ziehen. Man kann nicht legitim von der Schichtung einer ganzen Gesellschaft sprechen, wenn die Ergebnisse auf Daten basieren, die in einer einzigen Stadt innerhalb dieser Gesellschaft gesammelt wurden. Umgekehrt sind auch die Daten, die in einer großen Stichprobe gesammelt wurden, nicht ohne Modifikation auf alle Städte dieser Gesellschaft anwendbar. Jede Stadt wird ihre eigene Variante allgemeiner Tatsachen haben – die für die Gesellschaft als Ganzes durchaus charakteristisch sein mögen. Die Schichtung einer Universitätsstadt wird wahrscheinlich in vieler Hinsicht von der einer kleinen ländlichen Stadt oder von der eines kultivierten städtischen Zentrums signifikant verschieden sein. Obwohl gewisse allgemeine Tatsachen sicherlich in allen Städten einer Gesellschaft gefunden werden können, ist es wahrscheinlich, daß einige der interessantesten und vielleicht wichtigsten Schichtstrukturen einer Stadt in einer Untersuchung, die auf gesamtgesellschaftliche Strukturen abgestellt ist, nicht erfaßt werden. Kurz, sowohl die Art als auch die jeweilige Bedeutung der Kriterien wird von Stadt zu Stadt unterschiedlich sein – wieviel an allgemeinen Strukturzügen auch immer diese Städte miteinander teilen.

10. Kapitel

Soziale Mobilität: I. Methoden und Mobilitätsprozesse

Die offene und die geschlossene Gesellschaft: zwei Idealtypen

Ein fundamentales Merkmal von Schichtungssystemen ist das Ausmaß ihrer Offenheit oder Geschlossenheit: Wie viele Möglichkeiten gibt es in einer Gesellschaft, von einer Position in eine andere überzuwechseln? Die Untersuchung solcher Bewegungen – ihrer Ursachen, Strukturen und Folgen – wird als Analyse *sozialer Mobilität* bezeichnet. Obwohl oft angenommen wird, daß Mobilität Fortschritt bedeutet, kann sie doch in verschiedenen Richtungen erfolgen: von unten nach oben, von oben nach unten und zwischen Positionen auf gleicher Ebene. Diese drei Typen von Mobilität werden Aufstiegsmobilität, Abstiegsmobilität und horizontale Mobilität genannt.

In einer vollständig mobilen Gesellschaft hat jeder die gleiche Chance, die für ihn günstigste Position zu erreichen; sie wird lediglich durch seine relative Eignung und seine Vorliebe für diese Position eingeschränkt. Eignung ist in diesem Fall nur eine Funktion des angeborenen Talents; weder die bei der Geburt erlangte Position – entsprechend der Position des Vaters – noch der unterschiedliche Zugang zu Ausbildungsmöglichkeiten darf in einer solchen Gesellschaft den Zugang zu Positionen behindern.

Im Gegensatz hierzu weisen vollständig geschlossene Gesellschaften starre Sozialstrukturen auf. Ist einem Individuum einmal eine Position – gewöhnlich durch Geburt – zugeschrieben worden, so ist es nicht in der Lage, diese jemals zu verändern. In solchen Gesellschaften beruht die Zuteilung von Positionen auf besonderen Kriterien wie Familienmitgliedschaft, persönlicher Freundschaft oder einer anderen Form von Nepotismus, so daß alle Kinder die Position des Vaters erben. Überlegungen der funktionalen Eignung, des unterschiedlichen Geschmacks oder Vorstellungen von Gleichheit der Chancen spielen bei der Entscheidung über Statuszuteilung keine Rolle.

Setzen wir die Definition dieser beiden Typen, der vollkommen offenen (mobilen) und der vollkommen geschlossenen Gesellschaft, voraus, so ist offensichtlich, daß die vorhandenen Schichtungssysteme zwischen diesen beiden Extremen liegen.

Soziale Mobilität ist ein sehr komplexes Phänomen, denn zusätzlich zu den genannten drei *Richtungen,* in denen Bewegung erfolgen kann, muß die *Zeitdimension* berücksichtigt werden. Das bedeutet: Wechsel zwischen Positionen kann sich von einer Generation zur anderen (Intergenerationsmobilität) oder innerhalb von Generationen (Intragenerationsmobilität) vollziehen; außerdem kann man sich auch mit der *Zeitdauer,* die zur Änderung von Positionen – intra- oder intergenerationsmobil – benötigt wird, beschäftigen.

Eine dritte Dimension, in der Mobilitätssysteme sich ändern können, ist der *strukturelle Zusammenhang* oder die Institution, in der sich Änderungen vollziehen. Beispiele hierfür wären Berufs- oder Ausbildungsmobilität, Änderungen im allgemeinen Wertesystem, in den materiellen Ressourcen oder in der Macht.

Eine vierte Dimension betrifft die *Mechanismen* der Mobilität. So können Positionen z. B. durch Zuschreibung, Erwerb, Erreichung gewisser Altersgrenzen und durch Legitimation erreicht werden. Diese Mechanismen gelten auch für den Wechsel zwischen Positionen.

Ein fünfter Aspekt bezieht sich auf die *Mobilitätseinheit:* Das können Individuen, Familien, Gruppen, Schichten oder ganze Gesellschaften sein. Jede dieser Einheiten ist als Objekt der Untersuchung geeignet.

Ein sechstes Mobilitätsmerkmal bildet die Unterscheidung zwischen subjektiven und objektiven Aspekten einer Statusveränderung; als objektiver Aspekt kann z. B. eine Einkommensveränderung angesehen werden. Der subjektive Aspekt betrifft die Einstellung zu Statusveränderungen: Werden sie als Verbesserung angesehen? Strengt man sich an, um sie zu erreichen? Was für die einen als Aufstiegsmobilität gilt, wird von anderen möglicherweise gar nicht als Verbesserung angesehen oder sogar als Abstieg bewertet.

Bei dieser Vielzahl von Quellen der Veränderung ist die Messung von Mobilität ein äußerst schwieriges Problem. Die Aufgabe, verläßliche Daten zu erheben, um einen gültigen Vergleich vornehmen zu können, wird besonders dann erschwert, wenn Mobilitätsraten verschiedener Länder einander gegenübergestellt werden sollen. Man bedenke z. B. die Schwierigkeit, die Berufsmobilität in den USA mit der in Japan zu vergleichen. Dabei müßte einmal gesichert sein, daß solche Kategorien wie

Arbeiterklasse oder Facharbeiterschicht in beiden Ländern dieselbe Bedeutung haben. Hierin wiederum enthalten sind Fragen der Prestigebewertung, des Durchschnittseinkommens und der proportionalen Besetzung der Berufe in der Bevölkerung. Da kaum anzunehmen ist, daß diese Kategorien in zwei so verschiedenen Ländern als äquivalent behandelt werden können, müssen Verfahren entwickelt werden, mit deren Hilfe man vergleichen kann, welche Möglichkeiten für Arbeiterkinder bestehen, Angestelltenberufe zu erreichen.

Die Wichtigkeit solcher Überlegungen zur Vergleichbarkeit von Bedeutungen und Positionswechseln wird auch durch die Literatur zur Mobilität verschiedener Staaten unterstrichen; in diesen Untersuchungen haben führende Wissenschaftler angenommen, daß der jeweilige Wechsel von körperlicher zu nichtkörperlicher Arbeit, vom Land in die Stadt oder von Landarbeit zu städtischer Arbeit als Beleg für Aufstiegsmobilität betrachtet werden und daher als Aspekt für Offenheit und Aufstiegsmöglichkeiten einer Gesellschaft gelten kann. Andere Wissenschaftler dagegen betonen mehr, daß solche Bewegungen so lange nicht als Mobilität bezeichnet werden können, bis bekannt ist, wie diejenigen Menschen, die von ihnen betroffen sind, diese Veränderungen typischerweise erleben.

Mit Untersuchungen zur Mobilität sind eine Reihe wichtiger politischer Fragen verbunden. Da ist einmal das Problem, wie wünschenswert, wertvoll oder demokratisch eine Gesellschaft ist – gemessen an der Chance der Bevölkerung, sich zu »verbessern«. Zweitens ist damit die Frage verbunden, wieviele Chancen eine effektive Begabungsrekrutierung für Wachstum, Entwicklung und Produktivitätsanstieg in einer Gesellschaft liefert. Ein drittes Problem betrifft die Fähigkeit einer Gesellschaft, inmitten allgemeinen Wandels Ordnung und Kontinuität bei möglichst geringer Unzufriedenheit aufrechtzuerhalten. Einen vierten wichtigen Aspekt bildet die Ungleichheit zwischen Nationen und die damit verbundene politische Problematik.

Probleme der Messung

Um die Probleme bei der Messung von Mobilität zu vereinfachen, muß eine Reihe von Entscheidungen getroffen werden: (1) *Welche Aspekte* von Mobilität sollen gemessen werden: Ausbildung, Berufsprestige oder ökonomische Aspekte? (2) *Wessen*

Erfahrungen sollen untersucht werden: die von Individuen, von Familien oder die Erfahrungen von Schichten? (3) *Wer* soll mit *wem* verglichen werden: Väter mit Söhnen, eine Gruppe von Söhnen mit einer anderen oder Personengruppen zu einem bestimmten Zeitpunkt mit den gleichen Personengruppen zu einem anderen Zeitpunkt? (4) An welchen *Ausgangspunkten* soll angesetzt werden: erster Beruf, »bester« Beruf, Beruf im Alter von 30 Jahren? (5) Welche *Endpunkte* sollen gewählt werden: bester Beruf, letzter Beruf oder Beruf in einem bestimmten Alter? (6) Welche *Klassifikationen von Beruf* oder anderen Faktoren und wie viele Unterteilungen sollen angewendet werden: z. B. Zensusklassifikationen von Berufen; drei, vier oder fünf Unterteilungen von Einkommen; Arbeiter gegenüber Angestellten; drei, vier oder fünf Ausbildungsstufen? (7) Wenn verschiedene Aspekte von Mobilität gemessen werden sollen, z. B. Ausbildung, Einkommen oder Berufsprestige, sollen sie dann in einem *kombinierten Mobilitätsindex* zusammengefaßt werden, und wenn ja, wie? (8) Soll die Analyse *objektive* und *subjektive* Dimensionen von Mobilität einschließen? Wenn ja, wie soll dann Mobilität gemessen werden, d. h., wie können verschiedene Raten objektiver und subjektiver Mobilität exakt miteinander kombiniert werden?

Bis jetzt hat sich hauptsächlich *eine* spezifische Methode der Mobilitätsmessung durchgesetzt. Diese Methode wurde zuerst von Natalie Rogoff in ihrer Studie »Recent Trends in Occupational Mobility«[56] angewandt. Frau Rogoffs Mobilitätsmaß wird *Mobilität sozialer Distanz* genannt und definiert als:

das Verhältnis zwischen tatsächlicher Mobilität und der Mobilitätsrate, die man erwarten könnte, wenn keinerlei Beziehungen bestünden zwischen der Berufsposition des Sohnes und der des Vaters. Die erwarteten Mobilitätswerte geben das Ausmaß an Mobilität an, das vorhanden wäre, wenn es *keine* Faktoren sozialer Distanz gäbe, d. h., wenn für die berufliche Mobilität allein Faktoren wie Begabung oder Eignung relevant wären.[57]

Dieses Maß konzentriert sich deutlich auf intergenerative Veränderungen, d. h. auf Bewegungen zwischen der Vater- und Sohngeneration. Obwohl ein solches Maß sicherlich einen beträchtlichen Wert hat, versagt es doch in der Behandlung folgender Fragen: (1) In der Berufsstruktur zweier Generationen können sich signifikante Veränderungen ergeben ohne Folgeerscheinungen in der Verteilung von Prestige, Macht oder Eigentum.

(2) Vergleichen Söhne sich mit ihren Vätern, so mögen sie den Eindruck haben, aufgestiegen zu sein, vergleichen sie sich aber mit ihren Altersgenossen in der städtischen Berufsstruktur, so können sie sich dort sehr weit unterlegen fühlen. Kurz, »objektiver« Aufstieg kann von dem subjektiven Gefühl des Stillstandes oder sogar des Abstiegs begleitet sein. (3) Frau Rogoffs Technik schließt die Mobilitätserfahrung der höchsten und der niedrigsten Gruppe aus, da es per definitionem für die Söhne der höchsten Schicht unmöglich ist aufzusteigen, ebenso wie für die Söhne der niedrigsten Schicht der Abstieg unmöglich ist. (4) Es ist wahrscheinlich, daß Söhne derselben Familie unterschiedliche Mobilitätserfahrungen haben. Das vorhandene Maß erlaubt aber keine Kontrolle über Variationen durch Geburtsreihenfolge, Geburtsabstand oder durch die Geburt von Geschwistern.

Um diesen Schwierigkeiten zu begegnen, entwickelten Tumin und Feldman ein Maß, das sie »Generationen-Berufsmobilitätsmaß«, abgekürzt GOMS (Generational Occupational Mobility Scores) nannten. Dieses Maß beschreibt und vergleicht die Mobilität aller Personen, deren Väter den gleichen Beruf hatten. So wird z. B. der Sohn eines Angestellten mit anderen Angestelltensöhnen verglichen. Dann wird eine durchschnittliche Mobilitätsrate für alle Angestelltensöhne errechnet, mit der jeder einzelne dann verglichen werden kann, um zu sehen, ob er erfolgreicher als der Durchschnitt war.[58]

Natürlich bereitet auch das GOMS Schwierigkeiten, die jedes Maß aufweist, das einen bestimmten Mobilitätsaspekt herausgreift. GOMS wird nach Standardmaßen berechnet (d. h. gemessen in Graden der Standardabweichungen von einem Mittelmaß); daher besteht keine Möglichkeit, die *tatsächliche* Mobilitätsspanne, die ein Befragter zurückgelegt hat, anzugeben, noch ist es möglich, die Positionen, die jemand während seines Berufslebens innegehabt hat, zu verfolgen. Die Unterschiedlichkeit dieser Mobilitätsmaße verdeutlicht, wie wichtig es ist, sich über verschiedene Fragen klar zu sein, etwa darüber, was man messen will, warum man diese Aspekte zu messen wünscht, wessen Erfahrungen von vorrangigem Interesse sind und welche Aspekte dieser Erfahrungen besondere Relevanz besitzen.

Vielleicht ist das am wenigsten gelöste Problem bei der Messung von Mobilität die Methode, mit der man einen allgemeingültigen Index berechnen könnte, der die unterschiedlichen Mobilitätserfahrungen von Gesellschaften und Individuen auf mehreren Schichtdimensionen adäquat wiedergibt. So kann z. B. jemand einen Beruf haben, der bedeutend prestigeträchtiger ist als der seines Vaters, aber möglicherweise dabei weniger Einkommen und Eigentum haben. Die Frage ist nun: Wie kann diese Kombination von Aufstieg auf der einen Dimension und Abstieg oder Stillstand auf einer anderen in einem sinnvollen, allgemeingültigen Index zusammengezogen werden? Eine befriedigende Antwort auf dieses Problem ist bisher noch nicht gefunden worden. Ein Ansatz hierzu könnte sein, Gruppen nach folgenden Merkmalen zu bilden: (1) Alle Individuen, die auf allen Dimensionen aufgestiegen sind; (2) alle Individuen, die ihre Schichtposition überhaupt nicht verändert haben; (3) alle Individuen, die auf allen Dimensionen abgestiegen sind. Anhand dieser Einteilung müßte noch eine Reihe anderer Gruppierungen erfolgen, in denen Personen mit verschiedenen Kombinationen von Aufstiegs-, Abstiegs- oder Stillstandserfahrung zusammengefaßt würden.

Das gleiche Problem ergibt sich natürlich auch auf gesamtgesellschaftlicher Ebene; dort können die Mobilitätsraten der verschiedenen Dimensionen variieren, oder die Mobilitätserfahrungen eines Bevölkerungsteils können sich signifikant von denen anderer Teile unterscheiden. Tumin und Feldman fanden z. B. in Puerto Rico, daß der Aufstieg von Arbeitersöhnen in Eliteberufe im Vergleich zu anderen Staaten relativ häufig war, während der Aufstieg aller Mitglieder der Arbeiterschicht in die Mittelschicht sehr niedrig lag. Wie können diese unterschiedlichen Mobilitätsraten zweier Bevölkerungsteile zu einem sinnvollen Index zusammengefaßt werden?

Tumin und Feldman schlossen hieraus, daß es wenig sinnvoll ist, eine allgemeine Angabe über Mobilität zu machen, sondern daß es günstiger ist, vergleichbare Kategorien möglicher Mobilität in verschiedenen Ländern einander gegenüberzustellen. Auf diese Weise könnten dann Aussagen gemacht werden wie diese: Die untere Mittelschicht des Landes X hatte eine höhere Aufstiegsrate in höhere Mittelschichtberufe als die untere Mittelschicht des Landes Y. Wir können aber nicht sagen, ob im allgemeinen die Aufstiegschancen im Lande X besser sind, solange nicht ein Maß entwickelt ist, in dem unterschiedliche Erfahrungen zusammengefaßt werden können.

Es ist zwar wichtig, die verschiedenen Untersuchungen und Meinungen darüber, ob Amerika immer noch das Land der unbegrenzten Möglichkeiten ist, im Auge zu behalten, doch sind die Schlußfolgerungen aus der Rogoff-Studie hierzu von besonderem Interesse. Die wichtigsten davon sind:

1. Die Chance, daß Söhne die gleichen Berufe wie ihre Väter ausüben, ist zwischen 1910 und 1940 ungefähr gleich geblieben, liegt aber um 20 Prozent unter der erwarteten Mobilitätsrate.
2. Die Mobilitätschance an sich hängt kaum vom Ausgangspunkt der Söhne ab, wohl aber die letztlich von ihnen erreichte Position.
3. Der wahrscheinlichste Beruf eines jeden Sohnes ist der seines Vaters; die relativ häufigste »Bestimmung« zu einem anderen Beruf findet sich bei den Söhnen von Akademikern, Eigentümern, Geschäftsleuten und Angestellten.

Kurz, die größte Einzelwahrscheinlichkeit für Statuserhaltung oder -überschreitung besteht für Söhne, deren Väter einen der obengenannten Berufe ausüben.[59]
Frau Rogoff vertritt die Ansicht, daß im großen ganzen die Ergebnisse eine relative Konstanz der Mobilität während dieser drei Jahrzehnte zeigen, d. h. daß Amerika 1940 weder eine signifikant offenere noch geschlossenere Gesellschaft darstellte als 1910.
Diese Schlußfolgerungen werden auch von anderen Untersuchungen gestützt. So zitieren z. B. S. M. Lipset und R. Bendix in ihrer Studie »Social Mobility in Industrial Society«[60] die Ergebnisse Frau Rogoffs und fügen aufgrund eigener Resultate hinzu, daß man berechtigterweise annehmen kann, »daß die allgemeinen Muster sozialer Mobilität sich in den Industriegesellschaften verschiedener westlicher Länder sehr stark gleichen«. Des weiteren sehen Lipset und Bendix ihre Ergebnisse als Beleg dafür, daß in westlichen Industriegesellschaften die Mobilitätsmuster weit stärker durch Berufsstrukturen als durch unterschiedliche Wertorientierungen bestimmt werden. Ihre Hypothese lautet: »Alle Personen in niedrigen Positionen haben ein echtes Aufstiegsbedürfnis, ... Individuen und Gruppen werden, wenn immer sie hierzu eine Chance haben, ihren Status (und ihre Selbsteinschätzung) zu verbessern suchen.«[61]
Das Gesamtergebnis all dieser Untersuchungen führt zu der Annahme, daß Amerika heute nicht in größerem Maß als die alten

europäischen Industriegesellschaften das Land der unbegrenzten Möglichkeiten ist. Die Mobilitätschancen scheinen in allen größeren industrialisierten Ländern ziemlich gleich zu sein.

Einige Determinanten von Mobilität

Um eine bessere Einsicht in die Determinanten von Mobilität zu gewinnen, untersuchten Thomas Fox und S. M. Miller intergenerative Berufsveränderungen in 12 Ländern einschließlich der Vereinigten Staaten, Westdeutschland und Japan; dabei wurde eine Definition von Mobilität als Wechsel zwischen körperlicher und nichtkörperlicher Arbeit zugrunde gelegt. Einige ihrer Schlußfolgerungen lauteten:

1. Obwohl ökonomische Faktoren sehr wichtig sind, sind sie nicht die einzigen Bestimmungsgründe für Mobilität; außerdem ist die Wirkung ökonomischer Faktoren nicht einfach zu bestimmen.
2. Der wichtigste Einzelfaktor für Aufstiegsmobilität ist die Art der Schule, die jemand besucht hat.
3. Es ist nicht möglich festzustellen, ob politische Stabilität und Leistungsmotivation direkt zur Aufstiegsmobilität beitragen.
4. Weder Verstädterung noch der Grad wirtschaftlicher Entwicklung, gemessen am Bruttosozialprodukt, scheinen für Aufstiegsmobilität von Bedeutung zu sein.
5. Je höher der Grad ökonomischer Entwicklung, desto niedriger ist das Ausmaß der Abstiegsmobilität.
6. Je höher der Grad der Verstädterung und der politischen Stabilität, desto größer ist die Abstiegsmobilität.
7. Weder Leistungsorientierung noch Schuleintritt scheinen mit der Abstiegsmobilität signifikant zu korrelieren.
8. Die Hauptvariablen – Bruttosozialprodukt, Art der Schulen, politische Stabilität, Verstädterung und Leistungsorientierung – tragen erheblich dazu bei, Unterschiede in einzelnen Ländern feststellen zu können.[62]

Andere Wissenschaftler, die sich mit ökonomischen und beruflichen Entwicklungen befaßt haben, betonen in höherem Grade die Komplexität des Zusammenhangs der Variablen, die mit Schichtung und Mobilität verbunden sind. Wilbert E. Moore[63] z. B. weist darauf hin, daß zwar Untersuchungen zum Ausmaß von Mobilität sehr wichtig sind, daß aber in industrialisierten Ländern Mobilität nicht so sehr auf Veränderungen der Verteilung von Chancen und von Motivation zurückzuführen ist, sondern eher auf Veränderungen in der Berufsstruktur. Zugleich muß aber darauf hingewiesen werden, daß die Schaffung neuer

Arbeitsplätze auch der Arbeitskräfte mit den erforderlichen Werten, der entsprechenden Motivierung und den notwendigen Fertigkeiten bedarf.
Mobilitätsforschung erfordert offensichtlich Untersuchungen über Strategien, die eingesetzt werden müssen, um das Anwachsen von Chancen in einer Gesellschaft optimal zu nutzen.

Einige Folgeprobleme von Mobilität

Von großem Interesse ist gegenwärtig die These, daß wachsende Offenheit einer Gesellschaft oder die Schaffung neuer Zweige wirtschaftlicher Entwicklung davon abhängen, ob eine entsprechende Leistungsmotivation vorhanden ist, die in das neue wirtschaftliche System paßt.
David McClelland[64] leistete auf diesem Gebiet Pionierarbeit. Er stellte die These auf, daß die Einstellung, die durch den Begriff »Leistungsbedürfnis« (Need for Achievement) gekennzeichnet wird – in technischer Sprache N achievement oder nAch –, eine stark unterschiedliche Entwicklung zweier Gesellschaften bewirken kann; »so kann eine hohe Leistungsorientierung z. B. Personen dazu anhalten, ihre interpersonalen Rollen so erfolgreich auszuüben, wie Wirtschaftler, Soziologen und Historiker sie definieren.«
Die These McClellands hat hauptsächlich bei denen Zuspruch gefunden, die sich mit dem Beitrag psychischer Variablen und Verhaltensformen zur ökonomischen Entwicklung befassen; Soziologen dagegen ziehen es meistens vor, Veränderungen strukturell zu erklären, bevor sie Begriffe wie Interessen, Werte und Bedürfnisse heranziehen. Es ist aber offensichtlich, daß zwischen allgemeinen Strukturzügen in einer Gesellschaft und den Einstellungen, Werten und Interessen der Personen, die darin ihre Rollen spielen, immer ein Zusammenhang bestanden hat. Solche Beziehungen sind von mehreren Wissenschaftlern untersucht worden; einige Ergebnisse werden in den folgenden Absätzen referiert.

a) Politischer Liberalismus oder Konservatismus

In Amerika sind Personen, die in die Mittelschicht aufsteigen, konservativer als die, die schon in die Mittelschicht hineingeboren werden; dagegen sind in europäischen Ländern letztere konservativer als die Aufsteigenden. Das Abstiegsverhalten ist wiederum in allen Ländern ziemlich gleich: Die Abgestiegenen verhalten sich konservativer als ihre neuen Schichtgenossen.[65]

b) Einstellung zu bürgerlichen Freiheiten

Universitätsstudenten, die aus der Arbeiterschicht stammen, sind tendenziell in ihren Haltungen liberaler als Kinder von Akademikern, Managern und Beamten. Studenten, deren Eltern Angestelltenpositionen, Verkäuferberufe oder Beschäftigungen im Kleinhandel innehaben, sind wiederum weniger liberal als die Kinder der Akademiker, Manager und Beamten, allerdings hauptsächlich nur während der ersten beiden Universitätsjahre. Die Betonung liegt hierbei auf der Mobilität, die das Arbeiterkind durch seinen neuen Status als Universitätsstudent erfährt.[66]

c) Familienzusammenhalt

Personen mit Handwerksberufen und geringer Mobilität weisen die wenigsten Familienbesuche, die geringsten Beziehungen zu Nachbarn oder zu freiwilligen Vereinigungen auf. Dagegen haben die Mitglieder der Oberschicht, die ebenfalls nur geringe Mobilität aufweisen, den größten Anteil an Familienbeziehungen, Club- und Nachbarschaftskontakten. Die auf- und absteigenden Gruppen liegen zwischen diesen beiden Extremen.[67]

d) Ideologien über Schichtstrukturen

Sozial absteigende Personen sind in ihren Werten und Glaubenssätzen, die sich auf die Schichtstruktur beziehen, konservativer als andere. Das bedeutet: Ablehnung einer Identifizierung mit der Arbeiterschicht; das Bekenntnis zur offenen Gesellschaft; den Glauben an die Fähigkeit als eigentliche Grundlage für Beförderungen; Anspruch auf eine Mittelschichtenposition und die Erwartung, daß die Kinder einmal eine Mittelschichtenposition erreichen werden.[68]

e) Familienhintergrund

Sozial aufsteigende Frauen erfahren in einem hohen Ausmaß Ablehnung von seiten ihres Elternhauses und von seiten der früheren Bekannten. Darüber hinaus sind sie als Erwachsene sozial isolierter und weisen eine signifikant größere Neigung zu psychosomatischen Störungen auf.[69]

f) Psychische Krankheiten

In einer Schicht von Inhabern kleiner Geschäfte, Angestellten und Facharbeitern, die zum größten Teil die High School absolviert haben, gibt es »unterschiedliche Beziehungen zwischen sozialer Mobilität und psychischer Krankheit. In diesen drei Gruppen waren die Normalen am wenigsten mobil, und die Mobilsten wiesen das größte Ausmaß an Schizophrenie auf. Dies läßt auf eine Beziehung zwischen dem Ausmaß an individueller Mobilität innerhalb dieser Schicht und der Ernsthaftigkeit von Krankheiten schließen.«[70] Die gleiche Untersuchung zeigt, daß in der fünften Schicht, die fast ausschließlich aus ungelernten und angelernten Arbeitern mit höchstens Elementarschulabschluß besteht, die Aufstiegsmobilität von Psychoneurotikern signifikant höher ist als die von Gesunden; jedoch besteht kein Unterschied in der Mobilitätsrate von Gesunden und Schizophrenen.

g) Vorurteile zwischen Gruppen

In einer Untersuchung von 150 Kriegsteilnehmern aus Chicago fanden Bettelheim und Janowitz, daß eine artikulierte und intensive Einstellung gegen Neger am häufigsten in der abgestiegenen Gruppe vorkam, während die Aufgestiegenen die wenigsten Vorurteile hatten. Diejenigen, die keinen Statuswechsel vollzogen hatten, befanden sich zwischen diesen beiden Extremen, unterschieden sich aber deutlich von beiden.[71]
Tumin und Collins stellten in bezug auf Einstellungen zur Rassentrennung folgende Rangordnung unter den Befürwortern einer Aufhebung der Rassentrennung fest:

1. größte Bereitschaft (zur Aufhebung der Rassentrennung) – hoher Status innerhalb von zwei Generationen, d. h. Vater und Sohn hoch;
2. weniger große Bereitschaft – hoher Status in einer Generation, d. h. Sohn hoch, Vater niedrig;
3. geringe Bereitschaft – niedriger Status in einer Generation, d. h. Sohn niedrig, Vater hoch;
4. geringste Bereitschaft – niedriger Status innerhalb von zwei Generationen, d. h. Vater und Sohn niedrig.

Diejenigen in der höchsten und der niedrigsten Schicht, die keine Mobilität aufweisen, repräsentieren die extremen Einstellungen zur Rassentrennung, die Auf- und Absteigenden liegen zwischen diesen Extremen.[72]

Silberstein und Seeman[73] berichten von unterschiedlichen Ergebnissen. Sie beschäftigten sich mit dem Ausmaß, in dem der Wunsch nach Mobilität gegenüber dem Streben nach Erfolg *innerhalb* eines Berufes die Bedeutung von Mobilitätserfahrung für Einstellungen von Individuen gegenüber Juden und Negern beeinflussen kann. Sie fanden heraus, daß die mobilitätsorientierte Gruppe mehr zu Vorurteilen neigt als die leistungsorientierte Gruppe, unabhängig von ihrer Aufstiegsgeschichte. Die größten Vorurteile haben diejenigen, die zwar mobilitätsorientiert oder statusbewußt sind, jedoch sozial abgestiegen sind. Demgegenüber haben abgestiegene Personen, die nicht mobilitätsorientiert sind, einen entscheidend geringeren Vorurteilsindex. Die geringsten Vorurteile fanden sich unter denjenigen, die mehr leistungs- als mobilitätsorientiert, aber trotzdem in ihrem Beruf aufgestiegen waren.

h) Berufsbewertung und Zufriedenheit

Aufsteigende Personen sind meist dann positiv gegenüber den Bewertungen ihrer Berufsgruppe eingestellt, wenn sie von ihren Mitgliedern akzeptiert werden und damit in der Lage sind, die störenden Auswirkungen von Mobilität geringzuhalten. »Gelingt es ihnen aber nicht, die soziale Anerkennung der übrigen Mitglieder zu erreichen, so reagieren sie entgegen ihrer ursprünglichen positiven Disposition ... und passen sich an, indem sie die Werte ihrer Berufsgruppe herabsetzen.«[74]

Die vorangegangenen Ergebnisse sind ausgewählt worden, um die Unterschiedlichkeit von Folgen der Mobilität und die Verschiedenartigkeit der Untersuchungsergebnisse zu zeigen. Der allgemeine Trend dieser Ergebnisse geht dahin, der Mobilität in einer statusbewußten Gesellschaft einige störende Folgen zuzuschreiben; und zwar einmal aus Gründen der Statusorientierung oder Ängstlichkeit der mobilen Individuen, zum anderen wegen ihrer möglichen Unfähigkeit, sich an die neue Gruppe, in die sie auf- oder abgestiegen sind, anzupassen. In gleichem Maße gehen aber auch die Erwartungen in der Literatur dahin, daß Abstiegsmobilität einen negativeren Einfluß ausübt als Aufstiegsmobilität. Dies stimmt mit der Vorstellung über die Bedeutung von Prestige in einer Gesellschaft überein, die großen

Nachdruck auf eine solche Bewertung legt und die berufliche Leistung und ihre Korrelate als Kriterien für Prestige verwendet. Man kann daher natürlich erwarten, daß Aufstiegsmobilität mehr positive Auswirkungen zeigt, da sie den Erfolg repräsentiert, dem so viel Bedeutung beigemessen wird.

Mobilitätsfolgen im internationalen Vergleich

Die Bedeutung von Mobilität wird in Ländern mit verschiedenen Traditionen unterschiedlich sein. Wo sozialer und wirtschaftlicher Aufstieg als Abweichung angesehen wird, weichen wahrscheinlich sowohl die Muster des Aufstiegs als auch die der Folgen erheblich von denen unserer Gesellschaft ab. So werden auch die Unterschiede in solchen Gesellschaften noch größer sein, die durch ein hohes Maß an Traditionalismus gekennzeichnet sind und die eine Wirtschaftsordnung mit einer kleinen Elite und einer großen unterprivilegierten Masse aufweisen. In solchen Gesellschaften wird der Status zugeschrieben, Mobilität ist objektiv schwer zu erreichen, wenig angesehen und wird sich extrem störend auf das System auswirken.
Gino Germani[75] hat darauf hingewiesen, daß in traditionalen Gesellschaften Mobilität von bislang unterprivilegierten Personen ernsthafte Folgen für die Stabilität der Sozialstruktur hat, wenn nicht besondere Einrichtungen vorhanden sind, die die neu aufsteigenden Gruppen absorbieren. Wenn in weiten Kreisen der Bevölkerung durch Erziehung Bedürfnisse nach einem höheren Lebensstandard wachgerufen werden, gleichzeitig jedoch nicht genügend entsprechende Berufspositionen bestehen, um diese Wünsche zu erfüllen, so können durch die Differenz von Bedürfnissen und Realisierungschancen Unzufriedenheit und revolutionäre Kräfte erzeugt werden.

11. Kapitel

Soziale Mobilität: II. Reaktionen und Bewertungen

In der bisherigen Analyse der Mobilität wurden besonders die Veränderungen in der Verteilung von Macht und Eigentum sowie deren Auswirkungen auf Lebensbedingungen und Lebensstile untersucht. Vernachlässigt wurden dabei Mobilitätsbewegungen entlang der Prestigedimension. Wird Bewertung für wichtig gehalten, so ist mit zahlreichen Reaktionen der einzelnen Schichten auf ihre Positionen zu rechnen. Ziel solcher Reaktionen kann sein: (1) die Vermeidung oder der Abbau einer unerwünschten Bewertung; (2) die Erhaltung einer erreichten Bewertung; (3) der Versuch, eine erwünschte Bewertung zu erreichen.

Reaktionen auf symbolisierte Minderwertigkeit

Eine Person, die nicht als minderwertig gelten will oder die einen so definierten Status abbauen möchte, hat hierzu viele Möglichkeiten: (1) Sie kann die auf sie angewandten Bewertungsstandards ablehnen und darauf bestehen, daß diese unmoralisch, willkürlich und nicht ethisch sind. (2) Der in dieser Welt eingenommene Status kann abgelehnt werden, indem allein göttliche Gnade und Erlösung anerkannt werden, nicht dagegen die Werte dieser Welt. (3) Eine Person kann der Ansicht sein, daß der eigene Status nicht so wichtig ist und daß nur der Status der Kinder und ihr Wohlergehen wirklich zählt; alle Anstrengungen und Mittel werden dazu verwandt, den Kindern zu den erwünschten Positionen zu verhelfen. (4) Es werden für den Erwerb von Statussymbolen außerordentliche Beträge ausgegeben, oder (5) man beschränkt sich im Umgang auf die Personen, die einen anerkennen. (6) Weiter kann eine Person die Standards, mit denen sie bewertet wird, zurückweisen und darauf bestehen, sie durch andere – wie Freundlichkeit, Moral, Bescheidenheit – zu ersetzen. (7) Eine andere Möglichkeit ist, daß man die Personen, die einen niedrig bewerten, ablehnt, ohne jedoch deren Beurteilungskriterien zu verwerfen. Schließlich kann man (8) die Gesellschaft, deren Werte und Standards einen degradieren, ablehnen und man kann diese Gesellschaft durch abweichendes Verhalten und durch politische Angriffe bekämpfen.*

Abweichendes Verhalten löst in zahlreichen Gesellschaften intensive Bemühungen zu seiner Beseitigung aus. Verständlich wird dies dadurch, daß abweichendes Verhalten zu einem großen Teil eine Reaktion auf die Empfindung symbolisierter Minderwertigkeit ist. Eine Person wird dieses Verhalten so lange beibehalten, wie ihr nicht wirksame Garantien für eine gleichberechtigte Behandlung gegeben werden.

Die Hinnahme einer niedrigen Bewertung und geringer Belohnungen sowie das dadurch ausgelöste Verhalten wie Ehrerbietung, Unterwürfigkeit und Gehorsam ist eine spezifische Reaktion auf symbolisierte Minderwertigkeit, die gesondert analysiert werden muß. Um zu prüfen, wieweit eine solche Hinnahme tatsächlich üblich ist, müssen zwei Verhaltensweisen untersucht werden: (1) das alltägliche Handeln der betroffenen Personen, das auf eine Akzeptierung schließen läßt; und (2) das Verhalten solcher Leute, die – als Individuum oder auf kollektiver Basis – eine Möglichkeit erhalten, sich aus ihrer degradierten Situation zu befreien.

Besteht hierzu eine Chance, so verändern viele dieser Personen ihre Lage. Das weist darauf hin, daß die Hinnahme nicht echt war, sondern nur eine Folge von *Resignation.* Zwei Einstellungen müssen somit unterschieden werden: (1) die *freiwillige Anerkennung* ungleicher Bewertungen und Belohnungen, was eine Anerkennung der Standards dieses Systems bedeutet; und (2) eine Art von *Resignation,* die darauf verweist, daß die Hinnahme der Standards eines Systems durch ein Gefühl der Hilflosigkeit verursacht wird.**

In jedem System der sozialen Schichtung finden sich vielfältige Reaktionen der unteren Schichten, wie z. B. freiwillige Hinnahme, aktive Opposition oder Resignation. Die meisten Personen versuchen jedoch, ihre Lage zu verbessern, sie akzeptieren also ihr Schicksal in keinem nennenswerten Ausmaß. Ist das Verlangen nach sozialer Anerkennung tatsächlich überall zu finden, so wird das Gefühl einer minderwertigen Beurteilung zu Aktionen führen, die das Ziel haben, diese zu beseitigen. Es ist kaum glaubhaft, daß in einer kastengebundenen Gesellschaft ein Kind aus einer unteren Kaste seine Einordnung in diese durch die

* Vgl. dazu Band 7 der Reihe »Grundfragen der Soziologie«: Albert K. *Cohen,* Abweichung und Kontrolle, München 1968 (A. d. H.)

** Vgl. dazu Band 6 der Reihe »Grundfragen der Soziologie«: Dieter *Claessens,* Rolle und Macht, München 1968 (A. d. H.)

Familie und durch die Kaste annimmt und gleichzeitig freiwillig akzeptiert, daß andere es für unerwünscht, wertlos und ihnen untergeordnet halten und ihm nur ein Anrecht auf einen geringen Lebensstandard einräumen.

Völlig unvorstellbar ist es, daß ein Kind aus einer unteren Kaste durch *positive* Belohnungen dazu angehalten werden kann, seinen inferioren Status zu *akzeptieren*. Nur die Furcht vor Bestrafung sichert Konformität.

Mit diesen Überlegungen kann erklärt werden, warum manche Kastensysteme über Tausende von Jahren relativ stabil geblieben sind; resignierende Hinnahme *ist* machtvoll und stabilisierend. Ebenso kann mit diesen Überlegungen erklärt werden, warum Bevölkerungen, die sich lange Zeit hindurch ruhig verhielten und die allem Anschein nach ihre soziale Situation anerkannten, plötzlich in revolutionäre Aktionen ausbrachen. Außerdem kann mit denselben Annahmen erklärt werden, warum Kastenunterschiede zerbrechen und Angehörige niedriger Kasten in höhere aufsteigen, sofern eine individuelle Flucht vor einer Identifizierung mit einer niedrigen Kaste möglich ist. Eine solche Fluchtmöglichkeit ist die Abwanderung in Städte, wo man unbekannt ist. Es ist kaum zu erwarten, daß Angehörige niedriger Kasten sich um Mobilität bemühen, wenn sie tatsächlich ihre frühere Kastenzugehörigkeit akzeptiert haben.

Wenn es schon schwierig ist, die freiwillige Anerkennung einer minderprivilegierten Position in einer Kastengesellschaft zu fordern, so ist es noch viel schwieriger, sich eine solche freiwillige Unterordnung in modernen Industriegesellschaften vorzustellen. In diesen Gesellschaften wird durch Werte, Ideologie und Rechtssystem formell die Gleichheit aller Menschen betont. Trotzdem kann unterwürfiges und fügsames Verhalten der Rangniedrigeren gegenüber den Ranghöheren ein Strukturprinzip solcher Gesellschaften sein, was auch offensichtlich der Fall ist. Diese Fügsamkeit ist jedoch weit mehr auf die Macht und die Kontrolle der Inhaber hoher Positionen über erwünschte Ressourcen zurückzuführen als auf eine freiwillige Anerkennung eines Naturrechtes der oberen Schichten auf inhärente Überlegenheit und Berechtigung zu disproportionalen Anteilen an den verfügbaren Belohnungen. Wenn erst einmal die Kriterien Geburt und Herkunft ausgeschaltet sind, verliert die Idee einer natürlichen Überordnung ihre Hauptstütze. Geht eine Gesellschaft dazu über, Positionen nicht mehr durch Zuschreibung, sondern aufgrund von Leistung zu besetzen, muß Statusüberlegenheit kontinuierlich gewonnen, gesichert, wiedergewonnen und von neuem gesichert werden.

Die Aufrechterhaltung von Bewertung

Zwischen Handlungen zur Statussicherung und Handlungen zur Verhinderung oder Verringerung unerwünschter Einstufungen bestehen Ähnlichkeiten und Unterschiede. Der entscheidende Unterschied kann so formuliert werden: Versucht ein Individuum eine bestehende Einschätzung zu erhalten, so wird es sowohl die vorhandenen Bewertungsstandards als auch ihre tatsächliche Wirkungsweise rigoros verteidigen. Niedrig eingestufte Personen werden sich dagegen bemühen, entweder die Legitimität dieser Standards zu leugnen oder sie zu ändern.
Im allgemeinen wird eine Person, die ihre Position erhalten will, versuchen, den Status des gesamten Systems aufrechtzuerhalten, da sie diesem ihre Position verdankt. Sie wird also in der Regel ein konservativer Verteidiger der Gesellschaft und ihrer wichtigsten Institutionen sein. Besitzt ein Individuum seine Position genügend lange, um die dieser Position angemessenen Denk- und Verhaltensgewohnheiten lernen zu können, so gewinnt das konservative Verhalten große Sicherheit, und man ist selbstverständlich von seiner Richtigkeit überzeugt. Sollte das Individuum aufgefordert werden, seine Einstellungen mit den Verhaltensweisen anderer, die sich in einer ähnlichen Lage befinden, zu vergleichen, dann kann es möglicherweise nicht verstehen, warum diese auch nur im geringsten fragwürdig sein sollten. Die eigene Einstellung wird ihm höchst natürlich erscheinen.
Obwohl ein Individuum an die Kriterien, nach denen es bewertet wird und nach denen es andere bewertet, gewöhnt ist, mag es sich dieser Kriterien wohl bewußt sein. Es kann sich auch über das Ausmaß, in dem es selbst und andere sich zu diesen Kriterien konform verhalten, klar sein; und es kann erstaunlich ängstlich werden, wenn seine Fähigkeit zur Konformität vermindert wird. Kurz, das Individuum wird alles tun, um den Schein zu wahren, selbst wenn dies einen bemerkenswerten materiellen und psychischen Druck zur Folge hat.
Da die Möglichkeit der Besetzung einer Rangstufe sich umgekehrt proportional zu der Anzahl der gleichgestellten Personen verhält, kann man annehmen, daß der Aufstieg anderer in diesen Status auf Widerstand stößt. So kann man gegen eine

Gesetzgebung opponieren, die diesen Status einem größeren Personenkreis zugänglich macht. Eine andere Möglichkeit des Widerstandes ist die Forderung nach einer entsprechenden Herkunft der aufsteigenden Personen. Eine Person kann offen oder verständnisvoll gegenüber den Standards und dem Verhalten derjenigen sein, die über ihr eingestuft sind, wenn sie es für möglich hält, dadurch einen höheren Status zu erreichen; sie wird aber solche Standards als anmaßend und wertlos bezeichnen, wenn sie deutlich außerhalb seiner Reichweite liegen.

Ist es ihr unmöglich, die Einstufungskriterien derer zu erreichen, denen sie sich unterlegen glaubt, so wird sie – ebenso wie die Personen unter ihr – von dem Kontakt mit den Statusüberlegenen Abstand nehmen und sich mit ihresgleichen begnügen. Hängt die Einstufung eines Individuums von einer *Anzahl* von Kriterien ab und erfüllt es einige mehr und einige weniger, so wird es dazu neigen, diejenigen besonders zu betonen, die es erfüllt. Weiter wird es die Bedeutung der nicht erfüllten Kriterien herabmindern: Falls seine Wohnung bescheiden ist, seine Kinder aber gute Privatschulen besuchen, so wird es auf den zweiten Faktor besonderen Wert legen und gleichzeitig hervorheben, warum es seine nur bescheidene Wohnung beibehalten will.

Auf der Suche nach höherem Rang

Ein sehr ähnliches Verhalten – allerdings mit einer kleinen Differenz des Bezugspunktes – charakterisiert diejenigen, die versuchen, auf der Rangordnungsskala aufzusteigen. Um eine höhere Position zu erreichen, werden systematisch Anstrengungen unternommen, um der gegenwärtigen Einstufung zu entgehen; alte Freunde und Bekannte werden aufgegeben, Nachbarschaften und Gemeinschaften verlassen, Schulen, kirchliche Bindungen und Clubs gewechselt; weiter werden der Kleidungsstil, die Art zu sprechen, zu essen, sich zu unterhalten und all das, was normalerweise zur Einstufung dient, geändert. Solche mobilitätsorientierten Personen versuchen ständig, die Bekanntschaft mit denjenigen zu pflegen, die sie als überlegen betrachten und mit denen sie gleichgestellt sein möchten. Sie werden deren Stil des Wohnens, der Unterhaltung und Freizeit nachahmen und die gleichen Schulen bevorzugen – kurz, sie werden auch all das tun, was die statuserhaltenden Personen unternehmen,

nur daß sie, die aufsteigenden Personen, die Art derer kopieren, die sie als höhergestellt betrachten und von denen sie als Gleiche akzeptiert werden möchten.
Die *Neureichen* sind typische Beispiele solchen mobilitätsorientierten Verhaltens. In ihrem Leben gibt es oft Komplikationen durch das Auftauchen früherer Freunde oder Verwandter, die sie vor ihren Schichtgenossen oder vor denen, mit denen sie Gleichheit beanspruchen, blamieren. Die drei Typen von Reaktionen auf Bewertung, die wir in zugegebenermaßen ungleicher und zu sehr vereinfachter Terminologie aufgezeigt haben, gelten am ehesten in solchen Gesellschaften, in denen Statuseinschätzungen von großer Bedeutung sind und in denen die Kriterien, nach denen Status zugeordnet wird, ungleich verteilt, jedoch bis zu einem gewissen Grade durch Leistung erwerbbar sind.
Allgemein kann gesagt werden, daß Statusbewußtsein ein signifikanter Teil des Lebens in allen Arten von Gesellschaften und auf allen Stufen ist. Dies gilt aufgrund der großen Bedeutung, die der Wunsch nach einer guten Einschätzung durch andere hat, und aufgrund der Tatsache, daß die oben aufgeführten Formen statusorientierten Verhaltens die kulturell strukturierten Wege, diesen Wunsch zu verfolgen, repräsentieren. Noch geht es bei dem größten Teil der Weltbevölkerung um die Sicherung des Lebensunterhaltes, und ihre Bemühungen gelten daher vorwiegend der Sorge um Nahrung und Obdach. Aber selbst auf dieser Stufe spielt der Wunsch nach gutem Ansehen um seiner selbst willen und als Hilfe zur Sicherung des Lebensunterhaltes eine wichtige Rolle, ebenso das Bestreben, Schande und Degradierung zu vermeiden.
Die vorhergehenden Bemerkungen können einiges dazu beitragen, die subtilen und vielfältigen Bedeutungen von Prestige zu klären. Für einige bedeutet Prestige einfach, von anderen als gleichgestellt betrachtet zu werden; für andere dagegen bedeutet es, das Zeichen der Untergeordnetheit zu vermeiden; für wieder andere bedeutet es, die eigene übergeordnete Einstufung zu erhalten und sich vorwiegend damit zu beschäftigen; für uns alle bedeutet es, sich eine einigermaßen wünschenswerte Anerkennung durch andere zu sichern – einerseits um einen Anspruch auf erwünschte Güter und Dienste zu erhalten, andererseits um die Bestätigung des eigenen Selbstbildes als eines wertvollen Wesens zu erlangen.
Wir können sagen, daß die Suche nach Anerkennung und Beachtung, nach Einschätzung und Prestige in der Tat den Wunsch

nach Lebenserhaltung und Identität darstellt, der in Formen und Mustern verfolgt wird, die durch das kulturelle Milieu, in dem die Statusstruktur eingebettet ist, betont und standardisiert werden. Die Betonung der kulturellen Muster ist wichtig, da man das »Statusspiel« innerhalb der bestehenden Regeln spielen muß, andernfalls man fast mit Sicherheit scheitert. Die Regeln schreiben vor, wie man legitimerweise seine Einstufung verteidigen, mehr Beachtung suchen oder auf seine Einstufung reagieren kann; die sozialen Werte und Institutionen bestimmen, welches Maß und welche Art von Beachtung welchem Status und wie vielen Leuten zugeordnet wird.

Sehr wichtig ist auch die Tatsache, daß dort, wo Regeln zweideutig werden – wie z. B. in modernen offenen Gesellschaften – ein großer Spielraum für verschiedene Interpretationen dieser Regeln entsteht. Mehr noch: Werden die generellen sozialen Werte inkonsistent und die Kriterien, nach denen man eingestuft wird, vielfältiger, so wird auch das Statusbild sehr unübersichtlich. Dieser Gedanke soll im folgenden noch näher erläutert werden.

Die meisten modernen industriellen Klassensysteme sind dadurch charakterisiert, daß zwar die Gleichheit aller Menschen deklariert wird, das System der ungleichen Verteilung von Rang und Belohnungen jedoch Einstufungen von offensichtlich Ungleichen schafft. Als Ergebnis erscheint eine Dissonanz, die in irgendeiner Weise verarbeitet werden muß. Auf der Suche nach einer Aussöhnung der theoretischen Gleichheit mit der tatsächlichen Ungleichheit sind vor allem zwei Alternativen anwendbar. Die eine Alternative schreibt die Ungleichheit der Wirkungsweise des »Systems« zu, mit der Folge, daß die weniger erfolgreichen Individuen nicht persönlich für ihren untergeordneten Status verantwortlich gemacht werden, ihre Position also eher als Unglück angesehen wird und sie daher einen Anspruch auf öffentliche Unterstützung haben, um ihre geringen Ressourcen zu kompensieren. Die andere Alternative sieht Individuen als persönlich verantwortlich für Erfolg oder Scheitern an. Derjenige, der innerhalb der Standards der Gesellschaft nicht erfolgreich war, kann dies nur sich selbst zuschreiben; er wird des Respekts, der den erfolgreicheren Personen entgegengebracht wird, nicht für würdig erachtet, hat daher auch keinen Anspruch auf öffentliche Unterstützung. In solchen individuell- oder selbsthilfe-orientierten Gesellschaften werden Ungleichheiten als Ergebnis ungleicher Fähigkeiten, Talente oder Anstrengungen angesehen, und Belohnungen und Ehre werden dem Erfolg entsprechend vergeben.

Die meisten modernen Industriegesellschaften enthalten Elemente beider Anschauungen; d. h., daß sowohl dem Ausmaß Beachtung geschenkt wird, in dem unpersönliche und institutionelle Kräfte Ungleichheiten bewirken, als daß auch die Vorstellung der mehr individuellen als kollektiven Verantwortlichkeit für Erfolg oder Mißerfolg gepflegt wird. Die sogenannten Wohlfahrtsstaaten repräsentieren Gesellschaften, die mehr Betonung auf die Wirkungen des Systems legen, während einige andere Gesellschaften die Vorstellung der individuellen Verantwortlichkeit bevorzugen, obwohl sie weit mehr wohlfahrtsorientiert sind, als sie zugeben. Die USA sind ein gutes Beispiel für eine Gesellschaft, die einen guten Teil sozialer Wohlfahrt institutionalisiert hat, ohne sie beim Namen nennen zu wollen.

Wenn die vorherrschende Ideologie die individuelle Verantwortung für Erfolg und Mißerfolg besonders hervorhebt und wenn gleichzeitig angenommen wird, daß Menschen die gleichen Erfolgschancen haben, wird die Statusunsicherheit ein Maximum erreichen. Der Durchschnittsbürger wird sich dann vielen anderen in Rang und Belohnung unterlegen sehen, und er kann dies – den Sitten der Gesellschaft entsprechend – nur sich selbst zuschreiben. Werden jedoch für die Bestimmung von Erfolg oder Mißerfolg Glück, Vererbung oder andere Vorteile als Determinanten angesehen, so gibt es für diejenigen, die nur einen niedrigen Rang innehaben und geringe Belohnungen erhalten, keine Möglichkeit, diesen Rang aufzuheben und erfolgreich aufzusteigen, da sie vom Schicksal nicht so begünstigt sind wie die erfolgreicheren Mitbürger.

Kann die Beschäftigung mit dem Status und die Sorge darum reduziert oder minimiert werden? Die Antwort ist ja, allerdings nur unter ziemlich schwierigen Umständen; entweder ist man indifferent gegenüber materiellem Wohlstand und sozialer Identität oder man genießt so viele Empfehlungen von hohem Rang und genügend materielle Ressourcen, daß man demgegenüber, was andere Leute von einem denken, ziemlich indifferent sein kann. Den Kontext zu Reaktionen auf die Sorge um den Status, ein höchst interessantes Phänomen, bildet die unterschiedliche Empfindlichkeit, die von Personen in an sich gleicher Situation gezeigt wird. Personen, die gleich niedrig eingestuft sind, diese niedrige Einstufung auch beibehalten und demgegenüber gleich empfindlich sind, können sich trotzdem sehr unterschiedlich verhalten. Warum aber reagieren die einen so und andere anders? Warum streben einige danach, ihren Rang innerhalb des Systems zu verbessern, während andere Veränderungen des Systems erstreben, ihm ihren Rücken kehren, es auf illegitime Weise angreifen oder ihre Gratifikationen nach ihren eigenen Regeln suchen, ohne auf die Sicherheit und das Wohlergehen anderer zu achten?

Unsere Antworten auf diese Fragen werden die Wirkungen unterschiedlicher Familientraditionen, die Wahrnehmung von Möglichkeiten und die Ermunterung und Unterstützung durch Personen innerhalb des normativen Rahmens in Rechnung stellen müssen. Aufgabe der Soziologie in der Untersuchung von Schichtung ist es zu erforschen, welche Kombinationen von Faktoren diese unterschiedlichen Reaktionen auf geringe Rangeinstufung hervorrufen. Bei der Untersuchung dieser Frage werden wir gleichzeitig einen großen Teil abweichenden Verhaltens, das in jeder Gesellschaft gefunden wird, erklären. Mehr noch, wir werden auch einiges entdecken, was für den Prozeß sozialer Entwicklung und sozialen Wachstums relevant ist, da viele Formen abweichenden Verhaltens den Beginn von sozialem Wandel darstellen.*

Unechte Mobilität

Verschiedene Gesellschaften und große Bürokratien haben Techniken entwickelt, um die Moral und Motivation ihrer Mitglieder aufrechtzuerhalten, ohne signifikante und konkrete Verbesserungen weder des sozialen Ranges noch der Belohnungen einzuführen. Diese Techniken leiten Unzufriedenheit ab, die dann entsteht, wenn zwar Mobilität legitimiert und betont wird, wenn aber aus diesem oder jenem Grunde eine signifikante Verbesserung nicht erreicht werden kann.

Eine der erfolgreichsten solcher Techniken ist die, häufig durch hohe Persönlichkeiten die Bedeutung der niedriger eingestuften Mitglieder des Systems versichern zu lassen, wodurch die Empfindlichkeit gegenüber untergeordnetem Rang und geringen Belohnungen zeitweilig absorbiert werden kann; solche Versicherungen sind gelegentlich noch von kleinen Erhöhungen der

* Vgl. dazu den bereits erwähnten Band von *Cohen* und, als Band 4 der Reihe »Grundfragen der Soziologie«: Wilbert E. *Moore*, Strukturwandel der Gesellschaft, München 1967 (A. d. H.)

materiellen Belohnungen begleitet. Dies ist eine bevorzugte Technik in traditionalen Zwei-Klassen-Gesellschaften, in denen Demagogen durch eine bürgerliche Revolte an die Macht gekommen sind, ihrem Gefolge zwar Zukunftsvisionen eröffnen, aber normalerweise weder die Intention noch die Ressourcen haben, den materiellen und sozialen Wohlstand ihres Gefolges in wesentlichem Maße zu ändern.

Eine ähnliche Technik besteht darin, alle Kriterien für Rang und Verdienst als nicht der Beachtung wert darzustellen und nur einige vage Vorstellungen von Moral und moralischer Lebensführung zu proklamieren, denen natürlich die unteren Schichten genauso wie die anderen zustimmen können. Diese Technik macht es – ebenso wie die vorhergehende – den privilegierten Gruppen möglich, ihre bevorzugte Position zu erhalten, und erlaubt zur gleichen Zeit den unteren Schichten, sich wenigstens zeitweilig mit den Übergeordneten als gleichgestellt zu betrachten. Eine damit sehr verwandte Strategie betont den vergänglichen Charakter der existierenden Unterscheidungen in Rang und Belohnungen und stellt mit Nachdruck heraus, was doch an echter Mobilität tatsächlich vorhanden ist. In Gesellschaften mit einer Massenproduktion an Konsumgütern ist es möglich, die Aufmerksamkeit gegenüber Unterschieden in Rang und Belohnung dadurch abzulenken, daß es den unteren Schichten möglich gemacht wird, billige Imitationen von Statussymbolen der oberen Schichten zu erwerben und damit oberflächlich die Statusunterschiede zu verdecken. Dieses Schema ist in dem Ausmaß nützlich, in dem Unterscheidungen auf der Grundlage von sichtbarem Konsum vorgenommen werden und nicht so sehr aufgrund der Rolle im Produktionsprozeß.

Noch eine andere Technik, durch die Unterschiede in Rang und Belohnung weniger bedrückend werden, ist die der Beschönigung der Berufstitel der unteren Schichten – der Pförtner wird Auskunftsassistent; an der Universität wird der Dozent zum »assistant professor«; in Körperschaften kann der Titel des Vizepräsidenten Wirkung erzielen; in Verlagen wird der Kopist oder Registrator zum Redakteur.

Die angeführten Beispiele sind nur einige von vielen Techniken, durch die Organisationen oder Gesellschaften versuchen, die Erscheinung ihrer Statussituationen zu restrukturieren, ohne diese Situationen signifikant zu verändern. Diese Techniken korrespondieren eng mit denjenigen, die von Individuen angewandt werden, die sich degradiert fühlen und auf diese Degradierung innerhalb des Rahmens des Status quo reagieren. Sie können auch als Mittel angesehen werden, um eine bloß scheinbare Mobilität zu schaffen. Diese Techniken werden typischerweise in solchen Gesellschaften angewandt, in denen Prestige sehr betont wird und in denen eine relativ weitverbreitete Empfindsamkeit für öffentlich symbolisierten Rang herrscht, gleichzeitig aber die Möglichkeit echter Mobilität nicht sehr groß ist.

12. Kapitel

Einige theoretische Probleme

Die Allgegenwart von Schichtung in jeder Gesellschaft hat manche Wissenschaftler zu der Annahme geführt, daß soziale Ungleichheit unvermeidbar und sozial wertvoll sein muß. Sie argumentieren, daß es sonst nicht erklärbar sei, daß Schichtung so dauerhaft und weitverbreitet ist. In dieser Form ist das Argument jedoch bedeutungslos: Weder die weite Verbreitung noch das Alter eines Phänomens können als Erklärung für seine Unvermeidbarkeit oder seinen positiven Wert angesehen werden. Die Annahme der Unvermeidbarkeit könnte allein durch das Argument gestützt werden, daß keine Gesellschaft ohne irgendeine Form von institutionalisierter Ungleichheit in Bewertungen und Belohnungen *überleben kann.* Dazu wurde folgende Beweisführung vorgebracht:

1. Ungleiche Machtverteilung ist eine notwendige Bedingung für die Organisation eines jeden Mehrpersonenbetriebes.
2. Unter einigen Bedingungen kulturspezifischer Motivation und Ausbildung ist es einfacher, Belohnungen ungleich zu verteilen.
3. Unter einander ähnelnden Bedingungen ist es für die Interessen derjenigen, die Herrschaft ausüben, angebrachter, Belohnungen ungleich zu verteilen.
4. Unter einander gleichenden Bedingungen ist es ein geringerer Bruch mit der Geschichte, die ungleiche Verteilung beizubehalten, als Gleichheit einzuführen.

Es ist jedoch klar, daß keine dieser Feststellungen als Beleg für die Unvermeidbarkeit von Schichtung dienen kann. Ungleichheit in aufgabenspezifischen Rollen ist nicht mit Ungleichheit in Belohnungen oder Bewertungen gleichzusetzen. Und was bei bestimmten Traditionen kulturell als selbstverständlich gilt, braucht nicht notwendig oder unvermeidbar zu sein.
Letztlich beruht die Argumentation, mit der die Notwendigkeit von Schichtung für das Überleben einer Gesellschaft bewiesen werden soll, auf bestimmten Prämissen über die menschliche Motivation. Diese Prämissen, die normalerweise nicht ausgeführt werden, unterstellen, daß Menschen ohne ungleiche Bewertungen und Belohnungen nicht dazu bewegt werden können, Auf-

gaben unterschiedlicher Schwierigkeit und mit unterschiedlichen Anforderungen an Geschicklichkeit auszuführen. Die unterschiedliche Kompensation diene ihnen dabei als motivierende Kraft.

Es lohnt sich, diese Ansichten über die Motivation menschlichen Verhaltens zu prüfen. Wie weit verbreitet Ungleichheit auch sein mag, man muß sich denn doch über die Tatsache wundern, daß auf der ganzen Welt Männer und Frauen hart und gewissenhaft an Aufgaben arbeiten, ohne an die Ungleichheit von Bewertung und Belohnung zu denken. Ebenso weit verbreitet ist menschliche Faulheit sowohl unter Bedingungen relativer Gleichheit als auch großer Ungleichheit von Belohnungen. Unterschiedliche Qualitäten menschlicher Anstrengungen finden sich nicht nur zwischen Gesellschaften, sondern auch innerhalb von ihnen. Selbst dort, wo Ungleichheit von Belohnungen stark ausgeprägt ist, findet man Leute, die an gleich schwierigen Aufgaben gewissenhaft arbeiten, ohne daß ihnen eine unterschiedliche Belohnung in Aussicht gestellt wird. Man stelle z. B. die Hauptmotivationen, die in Amerika die Berufs- und die Familiensphäre charakterisieren, gegenüber. Im ersten Fall ist Schichtung ein dominierendes Thema, im zweiten fehlt es. Trotzdem würde es schwierig sein zu zeigen, daß die Leute in dem einen Bereich gewissenhafter arbeiten als im anderen.

Es kann argumentiert werden, daß die Werte und Normen, die das Familienleben regeln, nicht auf das Berufsleben übertragen werden können und daß, wie anstrengend Familienaufgaben auch sein mögen, sie nicht in die Berufssphäre passen. Das gleiche Argument verweist auf die Schwierigkeiten, die durch die Unpersönlichkeit der Berufswelt entstehen, auf die große Anzahl von Menschen, die in den Verwaltungsapparaten organisiert werden müssen, und die inhärenten Zwänge solcher Bürokratien.

Fragen wir danach, wie amerikanisches Familienleben gewissenhaftes Verhalten ohne das Versprechen der besonderen Belohnung hervorruft, so ist klar, daß die Identifikation eines jeden Familienmitglieds mit dem Wohlergehen des anderen ein wichtiges Element ist. Alles, was einem Kind geschieht, hat Folgen; Eltern können der Verantwortung für ihre Kinder nicht ausweichen.

Wenn Berufe so konstruiert werden könnten, daß die Arbeiter sich mit dem hergestellten Produkt identifizieren und sich außerdem noch dafür verantwortlich fühlen, so könnte man ohne besondere Belohnungen gewissenhaftere und geschicktere Leistungen erreichen. In der Tat wird man unterschiedliche Belohnungen als Anreiz zu effektiver Leistung genau in dem Maß einsetzen müssen, in dem Selbstbestimmung durch das Produkt und Identifikation mit ihm fehlen.

Man muß auch der Wahrscheinlichkeit Rechnung tragen, daß die Verwendung unterschiedlicher Belohnungen als Anreiz zu gewissenhafter Arbeit zu einer berechnenden Haltung führt, die die Bereitschaft der Beschäftigten, Zeit und Anstrengungen freiwillig einzusetzen, unterhöhlt. Wenn die verschiedenen Belohnungen sich nach den Anstrengungen richten, ist es ganz natürlich, daß die Betroffenen nur das leisten, wofür sie bezahlt werden, und nicht mehr; und sie werden genau vergleichen, wieviel sie und wieviel andere relativ zu ihrer Bezahlung arbeiten müssen. Unter solchen Umständen setzt wahrscheinlich der Arbeiter, der am wenigsten leistet und am wenigsten gewissenhaft ist, für die anderen den Maßstab.

Angesichts der Tatsache jedoch, daß Menschen durch ein Gefühl der Identifizierung mit einem Produkt und durch moralische Verantwortung für ihre Arbeit motiviert werden können, müssen wir ernsthaft fragen, ob ein Anspruch auf die Notwendigkeit unterschiedlicher Belohnungen als Motivierungssystem erhoben werden kann. Wenn unterschiedliche Belohnungen *nicht* unbedingt als Motivationsschema dienen und wenn es ernste Zweifel in bezug auf ihre relative Wirksamkeit gibt, dann ist die ganze These der *Unvermeidbarkeit* von sozialer Schichtung in Frage gestellt. Denn wenn Unvermeidbarkeit von Schichtung nicht durch unausweichliche Fakten der menschlichen Motivation begründet werden kann, kann sie durch nichts begründet werden. Wir müssen daher auch die Möglichkeit ins Auge fassen, daß wir es hier eher mit etwas Wählbarem als mit etwas Unvermeidlichem zu tun haben. In dieser Situation sind wir gezwungen, uns noch einmal die Frage vorzulegen, warum Schichtung in menschlichen Gesellschaften so weit verbreitet ist.

Speziell in bezug auf Schichtung müssen wir folgendes noch einmal hervorheben:

1. Die Menschen können durch eine Mehrzahl von Möglichkeiten zu hoher Leistung motiviert werden.
2. Jede Möglichkeit beinhaltet ihr eigenes Gleichgewicht von Kosten und Gewinn, soweit menschliche Würde und Werte betroffen sind.

3. Jede Möglichkeit für sich scheint nicht natürlicher oder angemessener zu sein als andere.
4. Die Anzahl der Menschen, denen verschiedene Motivationssysteme nützen oder schaden, ist wahrscheinlich variabel – einige Motivationen werden sicherlich nur wenigen nützen und vielen schaden, während andere umgekehrt wirken.

Das hervorstechendste Merkmal eines jeden Schichtungssystems ist es, daß es denen am meisten nützt, die am weitesten oben stehen und demzufolge die höchsten Belohnungen erhalten. Weiter werden diejenigen, die am meisten von dem System profitieren, alles tun, um ihre Privilegien zu sichern, wenn sie auch von Zeit zu Zeit versuchen, die Vorteile des Systems etwas breiter zu verteilen. Es ist auch vorhersagbar, daß in einer Gesellschaft, die auf maximalen Erwerb ausgerichtet ist, die meisten Menschen versuchen werden, ständig mehr von dem zu bekommen, was erreichbar ist.

Hält eine Gesellschaft jedermann dazu an, seinen materiellen Wohlstand zu verbessern und eine maximale Absetzung von anderen zu erreichen, wie kann man dann erwarten, daß andere Motivationsschemata leicht erlernt und befolgt werden?

Ist Schichtung dann überhaupt sinnvoll? Sicherlich, und zwar proportional zu der Höhe, die eine Person auf der Rang- und Belohnungsskala einnimmt. Hohe Belohnungen können die Mitglieder der Elite noch zu besonderen Anstrengungen anhalten, die niedrigen Belohnungen jedoch, die die Mehrzahl erhält, sind dazu geeignet, zu *entmotivieren* und den Leistungsstandard zu senken. Wenn, wie man oft beobachten kann, Menschen trotz niedrigem Rang hart arbeiten und ihr bestes geben, so geschieht das vor allem, weil sie noch in anderen kulturellen Horizonten erzogen wurden, weil sie keine Alternativen sehen oder weil sie die Alternativen fürchten. Es wird kaum an ihrer Begeisterung für ihren niedrigen Rang und die niedrige Belohnung liegen.

Von denen, die den positiven Aspekt von Schichtung betonen, wird gegen dieses Argument vorgebracht, daß – wie immer die Motivationen der gering Belohnten sein mögen – der positive Effekt auf die Talentiertesten und am besten Belohnten der größtmögliche ist und daß die Aufrechnung der beiden Effekte einen größeren sozialen Vorteil ergebe, als er unter anderen Systemen möglich sei. Doch liegt gerade in diesem Argument das Problem. Ungleiche Belohnungen für eine Elite können zwar einen Reinertrag erbringen, den *die Elite* für den höchstmöglichen

hält, jedoch mögen diejenigen, die die geringeren Belohnungen erhalten, der Ansicht sein, daß der Reinertrag im Vergleich zu anderen Möglichkeiten völlig unbefriedigend ist.
Eine andere Version der Befürwortung von Schichtung betont die Tatsache, daß der Drang nach Ruhm und Auszeichnung – das Verlangen nach Größe – ein unaufgebbares Ingredienz in der Motivation von Menschen darstellt, die Größe erreichen. Dieses Argument ist aber deshalb nicht haltbar, weil die wichtigste Unterscheidung fehlt: zwischen dem Drang, etwas Großes zu tun, und dem, für groß gehalten zu werden.
Biographien lassen oft den Eindruck entstehen, daß diese beiden Motive verbunden auftreten, daß sie aber trotzdem voneinander ganz verschieden sind. Der Wunsch, einen großartigen Roman zu schreiben, ist eine Sache; der Wunsch, als großer Romancier bekannt zu werden, eine ganz andere. Beide Wünsche mögen in einer Person zugleich vorhanden sein, aber uns interessiert, ob der Wunsch nach persönlichem Ruhm die Verpflichtungen und Perspektiven, die zur Erreichung von Größe erforderlich sind, behindert. Auf jeden Fall erscheint es klar, daß die Dynamik großer kultureller Leistungen variabel ist und daß solche Leistungen nur auf das Zusammenwirken vieler komplexer Faktoren zurückgeführt werden können; schon dies allein verbietet die einfache Annahme von der klaren und dominanten Bedeutung von neiderregenden Unterschieden und ungleichen Belohnungen.
Es muß auch der Wahrscheinlichkeit Rechnung getragen werden, daß ein großer Anteil individueller Talente immer ungenutzt bleibt und daß einer der wichtigsten Faktoren, der die Entdekkung dieser Talente verhindert, das Fehlen von Chancen für die Mehrheit der Menschen ist, die in begrenzten materiellen und geistigen Umständen leben. Wir wissen zwar nicht sicher, wieviel an wissenschaftlichen und menschlichen Talenten in einer Gesellschaft vorhanden ist, aber wir wissen, daß immer, wenn Bevölkerungsteilen Chancen eröffnet wurden, die diese vorher nicht hatten, es einen unerwarteten Talentzuwachs gegeben hat. Das heißt zwar nicht, daß die Welt voller versteckter Genies ist, sondern nur, daß es mehr Talente aller Art gibt, als jemals offen zutage treten, und daß Systeme ungleicher Chancen in geschichteten Gesellschaften zum großen Teil für das Brachliegen dieses Potentials verantwortlich sind.
Diese Bemerkungen über Begabung und über ihre Nutzbarmachung setzen eine sehr spezielle Bedeutung des Begriffs vor-

aus. Hier wurde nur auf einen sehr begrenzten Teil menschlicher Begabungen Bezug genommen, nämlich auf diejenigen, die augenblicklich am meisten gefragt und am höchsten bewertet werden. In Amerika wird zur Zeit den Bemühungen des Landes starke Beachtung geschenkt, die versuchen, solche Talente zu entdecken und auszubilden, die für die industrielle und militärische Technik für wichtig gehalten werden. Anderen Begabungen, wie künstlerischen, menschlichen, politischen, familiären und literarischen, wird weit weniger Aufmerksamkeit zuteil. Die Mehrheit der Bevölkerung mag zwar zustimmen, daß dies richtig ist; doch bleibt die Tatsache, daß die meisten Talente relativ unbeachtet bleiben, während nur einige, die für sehr begrenzte Zwecke wichtig sind, belohnt werden.

Schichtung als System ungleicher Bewertung und Belohnung bringt verschiedene Folgen hervor, wo immer sie auch gefunden wird. Ihre Auswirkungen auf verschiedene Bevölkerungsteile sind unterschiedlich. Ihre Auswirkungen auf soziale und wirtschaftliche Entwicklungen sind ebenso unterschiedlich und ziehen sehr unterschiedliche Strategien für kurz- bzw. langfristigen Nutzen oder Schaden nach sich, die davon abhängen, welche Bevölkerungsteile jeweils im Vorteil sind und wessen Interessen für wichtig gehalten werden. Die Art der Ergebnisse, die durch eine gut ausgebildete kleine Elite und von einer wenig ausgebildeten Masse erzielt wurden, unterscheidet sich von derjenigen, die aus einer mittelmäßig ausgebildeten Mehrheit resultiert. Das Maß an Loyalität, Teilnahme, Gewissenhaftigkeit, Sinn für soziale Verpflichtungen, Verantwortung und Anerkennung der gesellschaftlichen Werte wird im wesentlichen davon abhängen, wie eine Gesellschaft ihre Mitglieder belohnt und inwieweit sie sich bemüht, ihnen befriedigende Berufe bereitzustellen.

Die Verpflichtung der Sozialwissenschaftler besteht darin, die Folgen verschiedener Strukturen von Chancen und Privilegien für die Betroffenen und für die allgemeine Ordnung der Gesellschaft zu prüfen. Im Laufe einer solchen Untersuchung muß sich der Sozialwissenschaftler die elementare Tatsache vor Augen halten, daß um so weniger Personen die Werte der Gesellschaft akzeptieren und bereit sind, ihre Talente dieser Gesellschaft zur Verfügung zu stellen, je ungleicher eine Gesellschaft Wohlstand und Ansehen verteilt. Die moralischen Implikationen dieser Folgen sind für den Sozialwissenschaftler sehr bedeutsam; denn wenn es stimmt – was die meisten Soziologen annehmen –, daß Menschen ihre Handlungen an ihren Vorstellungen orientieren, und wenn ungleiche Bewertung und Belohnung den Menschen diese Gesellschaft als unfair erscheinen läßt, dann wird diese Gesellschaft erheblich darunter leiden. Kurz, die moralischen Reaktionen der gering Belohnten und Degradierten werden im Endergebnis ein wichtiges Element der Schichtung.

Das ausgefeilteste Argument zur Verteidigung von Schichtung in den gegenwärtigen Publikationen betont die größeren Opfer, die mit der Ausbildung für die höheren Positionen – wie Arzt, Rechtsanwalt, Manager usw. – gebracht werden müssen. Man kann sich aber auch vorstellen, daß die verlängerte Ausbildungszeit von einer kleinen Elite als sehr wichtig und als Vorteil empfunden wird, als eine Chance, Meinungen, Gefühle und Geschmack zu verfeinern und den Horizont zu erweitern. Welche Opfer auch in der Ausbildung gebracht werden müssen, diese vorteilhaften Elemente sind sicherlich auch darin enthalten. Es ist daher schwierig, diese Zeit hauptsächlich als Opfer zu sehen.

In bezug auf die relative Bedeutung von verschiedenen Berufen können wir auch nur sehr vorsichtig urteilen. Es ist die Gesellschaft, die bestimmt, was wichtig ist, aber es ist durchaus plausibel zu behaupten, daß alle Arbeiten, wie einfach oder kompliziert sie auch sein mögen, für die Gesellschaft gleich wichtig sind. Langfristig müssen alle für die Gesellschaft notwendigen Aufgaben erfüllt werden, oder die Gesellschaft wird darunter zu leiden haben. Nehmen wir für einen Augenblick einmal an, Wichtigkeit hänge nur von den Folgen ab, die sich aus der adäquaten oder inadäquaten Erfüllung von Aufgaben ergeben. Nehmen wir des weiteren an, daß wir eine vollständige Messung und eine eindeutige Übereinkunft über diese Probleme erreichen können. Aus einer solchen Definition und einer solchen »perfekten« Messung könnten wir keinen Schluß darüber ableiten, wie die Belohnungen verteilt werden *sollten*. Denn sonst müßten wir unvermeidlich ein Werturteil darüber voraussetzen, daß diejenigen, die mehr leisten, auch besser entlohnt werden sollten.

Mehr noch, diesem Urteil liegt eine wichtige, aber verborgene Tatsache zugrunde: Unterstellen wir perfekte Chancengleichheit, so erscheinen die Begabungen, die zur Erfüllung der wichtigeren Aufgaben nötig sind, als Folgen der Geburt. Nehmen wir ein Beispiel: Um ein geschickter Chirurg zu werden, ist ein angeborenes Talent erforderlich; haben nun nur sehr wenige Personen dieses Talent, so bedeutet die Forderung nach einer hohen Belohnung für Chirurgen, im Namen zufallsbedingter Geburt zu argumentieren. Auch wenn wir damit einverstanden sind, daß die Arbeit eines Chirurgen in mancher Hinsicht viel wichtiger ist als andere Arbeiten, so können wir doch eine besondere Belohnung nicht akzeptieren, es sei denn mit der Begründung, daß er in der glücklichen Lage ist, mit dieser seltenen Begabung geboren zu sein. Der einzige andere denkbare Grund für eine disproportionale Belohnung des Chirurgen würde darin liegen, daß er während seiner Ausbildung mehr Opfer als andere bringen mußte oder sonst nicht motiviert werden könnte, sein Talent auszunutzen. Wir haben aber festgestellt, daß diese beiden Argumente nur mit Vorsicht zu verwenden sind.

Diese Beobachtungen ziehen gewisse wichtige Schlußfolgerungen nach sich. Einmal ist es klar, daß die Hauptdeterminanten, die bestimmen, welche Art von Arbeit jemand ergreifen kann, (1) angeborene Begabung und (2) die soziale Chance der Entdekkung, Ausbildung und Verwendung dieser Begabung sind. Gleichermaßen ist klar, daß es Zufall ist, mit erwünschten und geschätzten Begabungen geboren zu werden; und es ist klar, daß die Kinder der Elite beträchtlich größere Chancen haben, daß ihre Begabungen ausgebildet und verwendet werden. Die Chance, eine Position zu erreichen, die höhere Belohnung für die Erfüllung schwieriger Aufgaben erhält, ist oft eine Funktion des Zufalls und der ungleichen Chancen. In einer Demokratie ist keiner dieser Gründe lobenswert. Die Abstammungsaristokratie durch eine Begabungsaristokratie zu ersetzen, ist als Muster demokratischer Gesellschaft kaum gutzuheißen.

Aber lassen wir alle moralischen Überlegungen beiseite; auch dann stehen wir immer noch vor der Frage, welche positiven Auswirkungen ungleiche Rangordnung und Verteilung von Belohnungen auf ein soziales System haben können. Der Aufweis der vielfältigen Ergebnisse von Schichtung ermuntert zur Untersuchung von Alternativen. Das Beweismaterial für Möglichkeiten sozialen Wachstums nämlich unter eher gleichen Belohnungsbedingungen ist so aufschlußreich, daß die Erforschung von Alternativen außerordentlich sinnvoll zu sein scheint. Kurz, es gibt viele Möglichkeiten, Gesellschaften zu organisieren und die Bevölkerung zu einer Verwendung ihrer Talente zu motivieren. Wenn Menschen nach immer effektiveren Möglichkeiten suchen, den sozialen Ertrag ohne Berücksichtigung der persönlichen Gratifikationen zu maximieren, so mag sich eine Erforschung der alternativen Möglichkeiten wohl auszahlen. Es scheint in der menschlichen Entwicklung noch große Gewinnmöglichkeiten zu geben, und Verluste wären unsere eigene Schuld.

ANMERKUNGEN

1 Vgl. *Hacker,* Andrew: Political Theory, New York 1961; eine ausgezeichnete Übersicht.
2 *Aristoteles:* Politics, New York 1943, S. 190.
3 *Augustinus:* The City of God, New York 1950, S. 690.
4 *Machiavelli,* N.: The Prince and the Discourses, New York 1940, S. 163.
5 *Gerth,* H., und *Mills,* C. W.: From Max Weber, New York 1958, S. 194. Dt.: Wirtschaft und Gesellschaft, Studienausgabe, herausgegeben von Johannes *Winckelmann,* 2. Halbband, Köln-Berlin 1964, S. 688–689.
6 op. cit., S. 94, bei *Weber* S. 689.
7 *Hodge,* R. W., *Siegel,* P. M., und *Rossi,* P. M.: Occupational Prestige in the United States, 1925–1963, in: American Journal of Sociology, LXX (1964), S. 286–302.
8 *Davis,* Kingsley: The Population of India and Pakistan, Princeton, N. J., 1951, S. 164.
9 *Centers,* Richard: The Psychology of Social Change, Princeton, N. J., 1949.
10 *Bendix,* R., und *Lipset,* S. M.: Class, Status and Power, Glencoe 1953, S. 63–75.
11 *Gerth,* Hans, und *Mills,* C. W.: Character and Social Structure, New York 1953.
12 *Miller,* Herman: Rich Man Poor Man, New York 1965, S. 151.
13 op. cit., S. 153–157.
14 op. cit., S. 164.
15 *Ornati,* Oscar: Poverty in America, in: *Ferman:* Louis A., u. a.: Poverty in America, Ann Arbor 1965, S. 25.
16 *MacDonald,* Dwight: Our Invisible Poor, in: *Ferman,* op. cit., S. 15.
17 *Kolko,* Gabriel: Wealth and Power in America, New York 1962, S. 34. Dt.: Besitz und Macht, Frankfurt am Main 1967.
18 op. cit., S. 37.
19 op. cit., S. 38.
20 op. cit., S. 39.
21 *Wrong,* Dennis: Trends in Class Fertility in Western Nations, in: *Bendix,* R., und *Lipset,* S. M.: Class, Status and Power, New York 1966, S. 353–354.
22 op. cit., S. 360.
23 Metropolitan Life Insurance Company: Improved Mortality among Colored Policy Holders, in: Statistical Bulletin, XLIII (August 1962).
24 Vital Statistics of the U. S., 1959, Vol. I, nach den Angaben in: *Gendell,* M., und *Zetterberg,* H. (Hg.): A Sociological Almanac for the U. S., 2. Aufl., New York, S. 43.
25 *Gibbs,* Jack P.: Suicide, in: *Merton,* R. K., und *Nisbet,* R.: Contemporary Social Problems, New York 1961, S. 244.
26 *Goode,* William J.: After Divorce, Glencoe 1956, S. 46. Ein Indexwert von 100 würde bedeuten, daß in einer Berufsgruppe die

tatsächliche Scheidungsrate mit der erwarteten übereinstimmt, wenn man den Anteil dieser Gruppe der Gesamtzahl der arbeitenden Bevölkerung zugrunde legt.

27 *Kinsey*, Alfred, u. a.: Sexual Behavior in the Human Male, Philadelphia 1948, S. 384. Dt.: Das sexuelle Verhalten des Mannes, Frankfurt 1955.

28 *Hyman*, Herbert, in: *Lipset* und *Bendix*, op. cit., S. 488–499.

29 *Cohen*, Albert, und *Hodges*, Harold: Characteristics of the Lower Blue-Collar Class, in: Social Problems, X (1963), S. 303–334.

30 op. cit., S. 307.

31 *Tumin*, Melvin (mit *Feldman*, Arnold): Social Class and Social Change in Puerto Rico, Princeton, N. J., 1961.

32 *Bell*, Wendell, und *Force*, Maryanne T.: Religious Preference, Familism, and the Class Structure, in: The Midwest Sociologist (Mai 1957), S. 79–86.

33 *Pope*, Liston: Millhands and Preachers, New Haven 1942.

34 *Goldschmidt*, Walter: Class, Denominationalism in Rural California Churches, in: American Journal of Sociology, XLIX (1943/44), S. 348–355.

35 *Bultena*, Louis: Church Membership and Church Attendance in Madison, Wisconsin, in: American Sociological Review, XIV (1949), S. 384–389.

36 *Pope*, Liston: Religion and the Class Structure, in: The Annals of the American Academy of Political and Social Science (März 1948), S. 84–91.

37 op. cit.

38 *Glick*, Paul, und *Carter*, Hugh: Marriage Patterns and Educational Level, in: American Sociological Review, XXIII (1958), S. 294–300.

39 *Bronfenbrenner*, Urie: Socialization and Social Class Through Time and Space, in: *Maccoby*, E. E., *Newcomb*, T. M., und *Hartley*, E. L. (Hg.): Readings in Social Psychology, 3. Aufl. New York 1958, S. 400–425.

40 American Journal of Sociology, LV (1950), S. 333–345.

41 *Selvin*, Hanan, und *Hagstrom*, Warren O.: Determinants of Support for Civil Liberties, in: British Journal of Sociology, XI (1960), S. 51–73.

42 *Lipset*, S. M.: Working Class Authoritarianism, in: Political Man, New York 1960, Kap. IV.

43 *Stouffer*, Samuel: Communism, Conformity and Civil Liberties, New York 1955.

44 *Hamilton*, Richard: The Marginal Middle Class: A Reconsideration, unveröffentlichtes Manuskript.

45 *Matthews*, Donald, und *Prothro*, James, in: American Political Science Review, LVII (1963), S. 24–44.

46 *Alford*, Robert: Party and Society, Chicago 1963.

47 op. cit., S. 102.

48 op. cit., S. 106.

49 *Fitzgerald*, Dale: Social Participation and its Effects on Personality, unveröffentlichtes Manuskript.

50 *Fitzgerald*, D., op. cit., S. 2.

51 *Mizruchi*, Ephraim H.: Aspiration and Poverty: A Neglected Aspect of Merton's Anomie. Vorgetragen auf der Jahresversammlung der Upstate New York Sociological Society, Ithaca, 15. März 1965, S. 7.

52 *Tumin* (mit *Feldman*), op. cit., S. 164–165.

53 *Ossowski*, Stanislaw: Different Conceptualizations of Social Class, in: *Bendix*, R., und *Lipset*, S. M.: Class, Status and Power, op. cit., S. 88. Vgl. *Ossowski:* Die Klassenstruktur im sozialen Bewußtsein, Neuwied und Berlin 1962.

54 *Hollingshead*, August B., und *Redlich*, F. C.: Social Class and Mental Illness, New York 1958.

55 op. cit., S. 11.

56 *Rogoff*, Natalie: Recent Trends in Occupational Mobility, Glencoe 1953.

57 op. cit., S. 31–32.

58 *Tumin* (mit *Feldman*), op. cit., S. 380–381.

59 *Rogoff*, N., op. cit.

60 *Lipset*, S. M., und *Bendix*, R.: Social Mobility in Industrial Society, Berkeley 1960.

61 op. cit., S. 73.

62 *Fox*, Thomas G., und *Miller*, S. M.: Economic, Political and Social Determinants of Mobility: An International Cross-Sectional Analysis, in: Acta Sociologica, IX (1965), S. 76–93.

63 *Moore,* Wilbert: Changes in Occupational Structures. Auf der Social Science Research Council Konferenz am 30. 1. 1964 verlesenes Manuskript. Thema der Konferenz: Soziale Struktur und soziale Mobilität während der wirtschaftlichen Entwicklung.

64 *McClelland*, David: The Achieving Society, Princeton, N. J., 1961. Dt.: Die Leistungsgesellschaft. Psychologische Analyse der Voraussetzungen wirtschaftlicher Entwicklung, Stuttgart 1966.

65 *Bendix* und *Lipset*, op. cit., S. 73–74.

66 *Selvin*, Hanan C., und *Hagstrom*, Warren O.: Determinants of Support for Civil Liberties, in: British Journal of Sociology, XI (1960), S. 51–73.

67 *Litwak*, Eugene: Occupational Mobility and Extended Family Cohesion, in: Amer. Sociological Rev., XXV (1960), S. 9–21.

68 *Wilensky*, Harold, und *Edwards*, Hugh: The Skidder: Ideological Adjustments of Downward Mobile Workers, in: American Sociological Review, XXIV (1949), S. 215–231.

69 *Ellis,* Evelyn: Upward Social Mobility among Unmarried Career Women, in: American Sociological Review, XVII (1952), S. 559 bis 562.

70 *Hollingshead*, A. B., *Ellis*, R., und *Kirby*, E.: Social Mobility and Mental Illness, in: American Sociological Review, XIX (1954), S. 577–583.

71 *Bettelheim*, Bruno, und *Janowitz*, Morris: Dynamics of Prejudice, New York 1950.

72 *Tumin*, Melvin M., und *Collins*, Ray C., Jr.: Status, Mobility and Anomie: Study in Readiness for Desegregation, in: British Journal of Sociology, X (1959), S. 253–276.

73 *Silberstein*, Fred B., und *Seeman*, Melvin: Social Mobility and Prejudice, in: American Journal of Sociology, LXV (1959), S. 258–264.

74 *Blau*, Peter M.: Occupational Bias and Mobility, in: American Sociological Review, XXII (1957), S. 392–399.

75 *Germani*, Gino: The Social Consequences of Mobility. Vortrag auf der Social Research Council Konferenz über Soziale Struktur und soziale Mobilität während der wirtschaftlichen Entwicklung, 30. Januar 1964.

ANHANG: SOZIALE SCHICHTUNG IN DER BUNDESREPUBLIK DEUTSCHLAND

Um im Vergleich der Sozialstruktur verschiedener hochindustrialisierter Gesellschaften zu vertretbaren Aussagen zu kommen, ist es notwendig, zunächst die historische Dimension der zu vergleichenden Phänomene heranzuziehen, zumal die geschichtlichen Zusammenhänge auch Aufschluß geben können über typische Merkmale und Veränderungschancen der jeweiligen Sozialstruktur.

Die Vereinigten Staaten begannen als Kolonialgesellschaft mit zunächst unbegrenzten Möglichkeiten räumlicher Expansion. In ihr dominierte von Anfang an die Mittelklasse der Siedler und freien Landbesitzer. Wenn sich auch diese Mittelklasse von vornherein nach der Größe des Besitzes und des erwirtschafteten Kapitals differenzierte, so fehlten der amerikanischen Gesellschaft doch die beiden Extremgruppen der starren Hierarchie europäischer Gesellschaften: der erbliche Adel und das ländliche Proletariat. Auch nach dem Abschluß der Landverteilung konnte sich über lange Zeit in einer an Leistung orientierten Gesellschaft das politische und ökonomische Konzept klassenloser Chancengleichheit behaupten. Erst seit den zwanziger und dreißiger Jahren dieses Jahrhunderts begann eine immer radikalere Gesellschaftskritik das Auseinanderklaffen von Vorstellung und Wirklichkeit aufzudecken. Und während die tatsächlichen Klassenverhältnisse und vor allem das Ausmaß der Armut inmitten des Wohlstandes stärker ins Bewußtsein traten, zeigten bereits die Verschärfung des Rassenkonflikts und die Revolte der Farbigen neue Dimensionen sozialer Ungleichheit. Erst auf diesem Hintergrund läßt sich die Möglichkeit abschätzen, die hier vorgelegten Informationen über soziale Schichtung auf westdeutsche Verhältnisse zu übertragen.

Im Gegensatz zu einer Reihe anderer europäischer Gesellschaften ist zudem für die deutsche, namentlich die preußische Gesellschaft eine Entwicklung zu verzeichnen, die die Kontraste zur nordamerikanischen noch verschärft. Von keiner bürgerlichen Revolution zerstört, vielmehr von einer sich rasch verselbständigenden, teilweise bürgerlichen Bürokratie konserviert, konnten die hierarchischen Strukturen des absolutistischen Staates lange bestimmend für die gesellschaftliche Entwicklung in Deutschland bleiben. Auch die verspätet einsetzende, staatlich protektionierte Industrialisierung bewirkte – was die Klassenverhältnisse anbelangt – letztlich nur eine Übertragung der obrigkeitlich-hierarchischen Strukturen auf die Sphäre des Industriebetriebes und damit eine Befestigung der bestehenden Machtverhältnisse. Das Ausbleiben einer proletarischen Revolution bestärkte schließlich unbeeinflußt vom Wechsel der politischen Systeme den Einfluß des Staatsapparates auf die ökonomische und gesellschaftliche Entwicklung in Deutschland.

Auch diese Zusammenhänge muß man sich vor Augen halten, geht man daran, in den vorhandenen westdeutschen soziologischen Arbeiten nach Aussagen über die soziale Schichtung in der Bundesrepublik Deutschland zu suchen.[1]

In repräsentativen Umfragen der Jahre 1958/59 ermittelten Harriet *Moore* und Gerhard *Kleining* »Das soziale Selbstbild der Gesellschaftsschichten in Deutschland«[2] durch das Verfahren der sozialen Selbsteinstufung, bei dem jeder Befragte selbst anzugeben hat, welcher Schicht er sich zugehörig fühlt. Als Maßstab verwendeten Moore und Kleining Gruppen von Berufsbezeichnungen, aus denen der Befragte diejenigen auswählen sollte, die seinem eigenen Beruf »im Hinblick auf Tätigkeit, Ansehen, Bezahlung, Verantwortung usw. am meisten ähnlich« waren. Dieses noch heute in verschiedenen empirischen Arbeiten benutzte Verfahren ergab damals folgende Sozialschichtung der Bevölkerung Westdeutschlands:

Oberschicht	1 %	d. h. rund	0,5 Mill.
Obere Mittelschicht	5 %		2,7 Mill.
Mittlere Mittelschicht	15 %		8,2 Mill.
Untere Mittelschicht			
nicht industriell	17 %		9,3 Mill.
industriell	13 %		7,1 Mill.
Obere Unterschicht			
nicht industriell	10 %		5,4 Mill.
industriell	18 %		9,9 Mill.
Untere Unterschicht	17 %		9,3 Mill.
Sozial Verachtete	4 %		2,2 Mill.
			54,6 Mill.

Man hat aus der in diesen Daten sichtbaren Konzentration zur gesellschaftlichen Mitte auf den Abbau einer antagonistischen Gesellschaftsstruktur geschlossen.

Einige Jahre später ging Erwin K. *Scheuch* mit seinen Mitarbeitern daran, mit einem anderen Instrumentarium die soziale

Schichtung der gesamten Gesellschaft zu analysieren.[3] Sein Index umfaßte zunächst neun Variablen, die sich jedoch insbesondere für die Bedingungen der Umfrageforschung auf drei Merkmale reduzieren ließen: Einkommen des Haupternährers, dessen Beruf und Schulbildung. Abgesehen von den methodischen Konsequenzen dieser offenbaren »Austauschbarkeit von Indikatoren« dürfte die Grundkonzeption des Instrumentariums von Interesse sein. Geht man von den gerade bei Gemeindeuntersuchungen oft herausgehobenen »kategorialen Kontakten« zwischen Handelnden aus, also von den »Beziehungen in einer Art Halbdistanz, wo die Partner in der Interaktion vornehmlich als Merkmalsträger wahrgenommen werden« – Merkmalen wie Beruf, Einkommen usw., die zur »Definition der Situation« beitragen –, so ist Scheuchs Verfahren »gedacht als eine Art Wiederholung des Identifikationsprozesses«[4] der Handelnden. Der Index zur Erfassung sozialer Schichtung zielt damit auf einen aus der konkreten Situation herausgelösten »grilling process«, dem Fremde und Neuankömmlinge in einer Gemeinde unterzogen werden.

Scheuch und seine Mitarbeiter betrachteten ihre Ergebnisse nicht als Schichtkontinuum, sondern schufen anhand »typischer Fälle« ihnen sinnvoll erscheinende Schichten, für die dann eine bestimmte Punktzahl festgelegt wurde (z. B. 40 - 49 Punkte = obere Mittelschicht). Dabei entstand folgendes Bild:

Oberschicht	2 %
Obere Mittelschicht	5 %
Mittlere Mittelschicht	12 %
Untere Mittelschicht	17 %
Obere Unterschicht	30 %
Untere Unterschicht	16 %
Nicht eingeordnet	18 %

Man wird allerdings mit Recht die Frage stellen können, ob die so ermittelten Schichten tatsächlich verhaltensbestimmende Gruppierungen, also soziale Schichten wiedergeben und ob sie mehr als nur gewisse Kennzeichnungen von Tendenzen und vage Hinweise auf Strukturen innerhalb des gesamtgesellschaftlichen Systems sozialer Differenzierung beibringen können. Gerade an dem Instrument von Scheuch läßt sich nämlich zeigen, daß es nicht genügen kann, anzugeben, wer und wie viele sich in einer sozialen Schicht befinden, sondern daß mit gleicher Deutlichkeit darüber Auskunft gegeben werden muß, welche

Möglichkeiten es gibt, die Schicht zu verlassen und ihre Grenzen zu überschreiten. Jede Frage nach sozialer Schichtung muß im gleichen Satz das Problem der sozialen Mobilität nennen.

Bei dem wohl gleichgewichtigen Forschungsinteresse westdeutscher sozialwissenschaftlicher Institute und Ordinarien an sozialer Differenzierung in Gemeinden wie an gesamtgesellschaftlichen Schichtungsphänomenen lag es auf der Hand, die Frage zu verfolgen, auf welche Weise Übertragungen gemeindlicher Strukturen auf größere Bereiche und umgekehrt Rückwirkungen umfassender gesellschaftlicher Tatbestände auf gemeindliche Verhältnisse stattfinden und wie derartige Prozesse zu erfassen sind. Die Frage läßt sich auch anders formulieren: Gibt es in unserer Gesellschaft verschiedene Typen sozialer Schichtung, die in Abhängigkeit von der Sozialstruktur der jeweiligen Wohngemeinde in unterschiedlichem Maße die gesellschaftliche Verfassung der Bundesrepublik beeinflussen? Ein Versuch in dieser Richtung wurde von Karl Martin *Bolte* unternommen, der im Raum Schleswig-Holstein, Hamburg und Niedersachsen von 1952 bis 1959 über 300 Gemeinden meist in teilnehmender Beobachtung in Hinblick auf geltende Formen sozialer Differenzierung erfassen ließ.[5] Dabei sollte besonders auf Heiratskreise, Vereinsleben, wertende Äußerungen über andere Bevölkerungsgruppen der Gemeinde usw. geachtet werden.

Die untersuchten Gemeinden ließen sich weitgehend in vier Typen sozialer Schichtung einordnen. Der 1. Typ galt für ausschließlich agrarisch strukturierte, stadtferne Dörfer. Dort schaffen deutliche Schichtgrenzen Distanz zwischen Bauern, Kleinstlandwirten (Kätnern) und Landarbeitern. Bestimmendes Kriterium ist der Besitz. Lehrer und Pfarrer rangieren im oberen Drittel der Gemeinde. Im 2. Typ traten städtisch überwanderte Dörfer auf, in denen alteingesessene Landbevölkerung neben zugewanderten städtisch orientierten Gruppen lebt, nur durch wenige Kontaktpersonen wie etwa den Pfarrer, Lehrer Handwerker oder Händler miteinander verbunden. Während bei der ländlichen Bevölkerung der Besitz als Schichtmerkmal weiterhin dominant bleibt, orientiert sich unabhängig davon der »städtische« Teil der Dorfgemeinde stärker am Beruf, wobei die Akademiker, leitenden Angestellten und höheren Beamten die Spitzengruppe repräsentieren. Der 3. Typ sozialer Differenzierung trat in vielen kleinen und einigen mittleren Städten in Erscheinung. Da dort keine deutlichen Schichtgrenzen erkennbar, die Übergänge vielmehr fließend sind, lassen sich die zu den einzelnen »Schichtballungen« zugehörigen Personen nur vage mit Hilfe der Berufsangabe lokalisieren. Der 4. Typ sozialer Schichtung sollte vornehmlich für die Verhältnisse in größeren Städten Geltung haben. Aus der Beobachtung, daß das einzelne Gemeindemitglied nur noch zu einer kleinen Anzahl von Mitbürgern engeren Kontakt hat und daß es sich in zahlreichen, nicht mehr überschaubaren sozialen Daseinsbereichen bewegt, wird das Fehlen jeglicher sozialer Schichten gefolgert; es gibt innerhalb des Kontinuums von Statusdifferenzierung für den einzelnen dann lediglich eine soziale Zone, in der er sich je nach Bezugsgruppe mit unterschiedlicher Ranglage bewegt.

Gerade der Rückzug von »Typen sozialer Schichtung« auf die Beschreibung von Statusdifferenzierung in Wohngemeinden zeigt, wie problematisch die Verwendung des Prestiges und beobachtbarer gesellschaftlicher Kontakte als Maßstab und Grundlage sozialer Schichtung sein kann. Hier wird sehr leicht von einer Gemeindeverfassung auf gesamtgesellschaftliche Verhältnisse geschlossen, ohne zu bedenken, daß es bei zwei verschiedenen Bezugssystemen vielleicht auch verschiedene Arten von Schichtung geben muß. Das für Kleingemeinden gültige Verfahren der Erfassung von Prestigestufen, die stets auch die Bewertung von Persönlichkeit und Charaktermerkmalen in Abhängigkeit vom jeweils geltenden Wertsystem der Gemeinde mitenthalten (»ein guter Bauer«, »ein tüchtiger Abteilungsleiter«), wird überzogen, wenn es auf Großstädte und schließlich auf Gesamtgesellschaften Anwendung finden soll. Soziale Schichten können bei Bolte gar nicht festgestellt werden, da sie einen anderen, von ihm nicht angezielten Bezugspunkt haben als die gemeindlichen Prestigegruppen. Ihr Bezugssystem ist die Gesamtgesellschaft und deren verfestigte, vorwiegend an eine hierarchisch verfaßte Organisation geknüpfte Verteilung wirtschaftlicher und politischer Macht und Einflußmöglichkeit.

Eine stärkere Orientierung an den tatsächlichen Herrschaftsverhältnissen und den Bedingungen funktionaler Differenzierung in der westdeutschen Nachkriegsgesellschaft läßt bei gleichzeitigem Verzicht auf empirische Überprüfung zwei Analysen gegenwärtiger Schichtstrukturen erkennen, deren Gemeinsamkeit weitgehend nur in der Art der Deskription und nicht unbedingt in den Resultaten zu suchen ist.

Helge *Pross*[6] sieht in der Bundesrepublik eine gesellschaftliche Pyramide, deren Basis die Industriearbeiterschaft abgibt. Auf ihr lagern das Kleinbürgertum der mittleren Angestellten und

Beamten, der Selbständigen im Handwerk, Einzelhandels- und Dienstleistungsgewerbe sowie das Nachfolgebürgertum der leitenden Angestellten und gehobenen Beamten, der freien Berufe und Unternehmer, alle beherrscht von einer im Letzten »unbekannten Machtelite«. Die spürbare »Übereinstimmung wesentlicher Grundzüge der westdeutschen Schichtenpyramide mit denen der Weimarer Republik« erklärt sich für Helge Pross vorwiegend aus den wirtschaftspolitischen Entscheidungen nach 1945, die die Entwicklung auf eine »Rekonstruktion der Gesellschaftsordnung mehr oder minder entlang den alten Linien« festlegten. »Binnen kurzem differenzierte sich die Bevölkerung aufs Neue nach den überkommenen Schichtungsprinzipien.«

Mit einer Kritik der meisten bisher vorgelegten Schichtungsmodelle der westdeutschen Gesellschaft seit 1945 leitet Ralf *Dahrendorf* die zur Zeit neueste Analyse der »sozialen Schichtung des deutschen Volkes« ein.[7] Als Hauptschwächen früherer Ansätze nennt er: Sie sind »analytisch nur mäßig fruchtbar, und sie sind deskriptiv beliebig. ... Keines der verschiedenen Schichtmodelle ist im Grunde besser als das andere; mit keinem läßt sich sehr viel mehr anfangen als mit irgendeinem anderen; sie sind alle gleich konstruiert. . . . Weil die Modelle konstruiert sind, also gar nicht darauf abzielen, reale Grenzen zu markieren, sind sie als Instrumente zur Beschreibung der Wirklichkeit beliebig. Noch schärfer gesagt: sie beschreiben die deutsche Gesellschaft der Gegenwart nicht. Hierzu müssen wir andere Wege suchen.«[8] Dahrendorf beschreitet diese Wege in Anknüpfung an Geigers gleichlautende Arbeit[9], indem er wie jener die »gemeinsame Sozialmentalität«, aus der ein bestimmtes wirtschaftliches und politisches Verhalten geschlossen werden kann, als konstitutiv für die Beschreibung sozialer Schichten annimmt. In »informierter Willkür, also begründeter Schätzung«, da gesicherte Materialien über Schichtmentalitäten für die Bundesrepublik kaum zu beschaffen sein dürften, konstruiert Dahrendorf für unsere Gesellschaft ein Gebäude, in dessen oberstes Stockwerk er die Eliten einziehen läßt. Inkohärent und ohne ausgesprochenes elitäres Bewußtsein übernehmen sie die Vorstellungen und Leitbilder der von ihnen abhängigen »Dienstklasse«. Diese umfaßt »jenen Teil des neuen Mittelstandes, der kraft beruflicher Stellung im eigentlichen Sinne bürokratisch tätig ist, also insbesondere nichttechnische Beamte und Verwaltungsangestellte aller Ränge«.

Werkzeuge in der Hand der Herrschenden, unfähig zur kollektiven Solidarität zeigen sich ihre Mitglieder einzig interessiert an individuellem Vorwärtskommen. Ihre Mentalität breitet sich spürbar über die ganze Gesellschaft aus. Von ihr ist auch der alte Mittelstand ergriffen, der »Struktur gewordene Irrtum von Marx«. Die kleinen und mittleren Selbständigen haben längst aufgehört, die »prägende Schicht der deutschen Gesellschaft« zu sein. Neben ihnen breitet sich zunehmend die »Arbeiterelite« aus, die unselbständigen Handwerker und gelernten Facharbeiter. Ihre Mentalität zeigt – soweit feststellbar – eindeutig mittelständische Züge. Von diesen Schichten setzt Dahrendorf den »falschen Mittelstand« ab. Zu ihm gehören »typisch die Arbeiter der Tertiärindustrien. Das sind jene, die in den immer wachsenden Dienstleistungsgewerben die ausführenden Positionen einnehmen: der Kellner und die Verkäuferin, der Schaffner und der Postbote, der Chauffeur und der Tankstellenwart«.[10] Objektiv von der Arbeiterschicht kaum zu trennen, unterscheiden sie sich jedoch auffällig durch ihr soziales Selbstbewußtsein, Angehörige des »Mittelstandes« zu sein. Die größte Gruppe in Dahrendorfs Modell stellt die vielfach differenzierte Arbeiterschicht mit eigenen Verhaltensweisen und noch unterscheidbarer typischer Mentalität, deren Widerstandsfähigkeit gegenüber Statusmentalität und Solidaritätsfeindlichkeit der Dienstklasse jedoch nachzulassen scheint. Im »Keller« des westdeutschen Hauses sitzt schließlich die Gruppe der »sozial Verachteten«, die »Fälle für die Fürsorge«, als Einzelschicksale kaum mit »Schicht« zu bezeichnen.

Bedenkt man den analytischen Fortschritt der Theorie sozialer Schichtung von der Ein- zur Mehrdimensionalität, dann vermag man nicht so leicht einzusehen, warum in Dahrendorfs Modell nur *ein* Bestimmungsmerkmal sozialer Differenzierung (Schichtmentalität) herangezogen wird. Die Entscheidung wird verständlich, wenn man in Rechnung stellt, daß es Dahrendorfs Ziel sein mußte, generelle Aussagen über unsere Gesellschaft zu treffen und nicht Anleitungen zu empirischen Studien zu formulieren.

In ähnlicher Intention ist das vergleichsweise starke Anwachsen der Mittelschichten in der Bundesrepublik Deutschland von Helmut *Schelsky* dahin interpretiert worden, die westdeutsche Gesellschaft sei als »nivellierte Mittelstandsgesellschaft« zu kennzeichnen.[11] In dieser Sichtweise ist die Gesellschaft weitgehend von den Mittelgruppen bestimmt, ist ihr politisches und Konsum-Verhalten in einem neuen Sinne »mittelständisch«. Als weitere Kennzeichen dieser Gesellschaft werden ein einheitlich kleinbürgerlich-mittelständischer Lebensstil, ideologische Neigung zu restaurativem Verhalten, Verharren im alten sozialen Prestigebild, Unerfüllbarkeit der sozialen Aufstiegsbedürfnisse und ein »Aufsaugen« der anderen Schichten durch diese mittelständische Schicht genannt.

Daß diese Konzeption wie kaum eine andere auch in der außerwissenschaftlichen Öffentlichkeit so rasch aufgegriffen wurde, legt die Vermutung nahe, daß sie im Stande war, im gesellschaftlichen Bewußtsein einer bestimmten Schicht eine gewisse Unsicherheit zu beseitigen und das allgemeine Bedürfnis nach einer Erklärung für die gewandelte Situation vollständig zu befriedigen. Das Gefährliche an diesem Modell liegt aber darin, daß es grundsätzlich noch bestehende soziale Unterschiede vernachlässigt, die – wenn auch in sicherlich verschiedenem Umfang – in etlichen Teilbereichen der Gesellschaft nach wie vor wirksam sind.

Auch wenn es allgemeine Tendenzen einer Nivellierung gibt, bringen die Unterschiede der Haushalts- und Einzeleinkommen, der Verteilung des Vermögenszuwachses, der Konsumchancen und der Erfüllung sozialer Sicherheitserwartungen jeweils neue Konturen hervor. Zudem bilden sich innerhalb der verschiedenen Bereiche, im Beruf, in politischen Gruppen, in der Familie und in der Freizeit neue eigenständige Normen und Verhaltensweisen heraus, die einer Nivellierung entgegenstehen. Wohl am stärksten dürften die Unterschiede im erreichbaren Bildungsniveau jeder Einebenungsvorstellung widersprechen. Vor allem aber muß darauf hingewiesen werden, daß selbst ein teilweise nivellierter Lebensstil auf die Chance, politisches Geschehen in einer solchen Gesellschaft zu kontrollieren, so gut wie gar keinen Einfluß hat. Auch wenn sich das allgemeine Konsumniveau angehoben hat, existieren doch, was die effektive soziale Differenzierung und Machtverteilung betrifft, weiterhin erhebliche Ungleichheiten.

Bei einigen der genannten Merkmale sozialer Schichtung lassen sich über das Ausmaß sozialer Differenzierung in der westdeutschen Gesellschaft genauere Zahlenangaben machen.

Wenn auch der vielförmige sozialstaatliche Umverteilungsmechanismus (Beihilfen, Versorgungsleistungen usw.) ebenso wie die besondere Eigenart des westdeutschen Steuersystems die Einkommensverhältnisse undurchsichtig macht, so läßt doch das vorliegende Material folgende Aussagen zu: Trotz erheblicher Einkommenssteigerungen in den letzten beiden Jahrzehnten hat sich an der Struktur der Einkommenspyramide wenig geändert. Es gibt eine relativ breite mittlere Einkommensgruppe, darüber eine rasch sich verjüngende sehr hohe Pyramidenspitze. Legen wir das Ergebnis der Einkommens- und Verbrauchsstichprobe für 1970 für die Einkommensschichtung der privaten Haushalte zugrunde, so bietet sich dieses Bild:[12]

Monatliche Haushaltsnettoeinkommen von ... bis unter DM	Haushalte insgesamt in 1000	Haushalte insgesamt %
unter 500	2 676	11,9
500 – 600	1 384	6,2
600 – 700	1 249	5,6
700 – 800	1 167	5,2
800 – 900	1 128	5,0
900 – 1000	1 113	5,0
1000 – 1100	1 097	4,9
1100 – 1200	1 059	4,7
1200 – 1300	1 007	4,5
1300 – 1400	957	4,3
1400 – 1500	886	4,0
1500 – 1750	1 910	8,5
1750 – 2000	1 487	6,6
2000 – 2250	970	4,3
2250 – 2500	800	3,6
2500 – 2750	661	3,0
2750 – 3000	506	2,3
3000 – 4000	1 258	5,6
4000 – 5000	559	2,5
5000 und mehr	526	2,3
Insgesamt	22 400	100,0

Diese Haushaltseinkommen entstehen häufig dadurch, daß eine tatsächliche oder mindestens subjektiv empfundene wirtschaftliche Engpaßsituation die Ehefrau zwingt, ohne ausreichende gesellschaftliche Hilfe die Doppelbelastung von Haushalt und Beruf auf sich zu nehmen. Weit häufiger aber werden die Kinder genötigt, ihre Ausbildung kürzer anzulegen oder vorzeitig abzubrechen, um zusätzliches Einkommen zu erarbeiten. Gerade diese Abhängigkeit des erreichten Einkommensniveaus von der

Mitarbeit weiterer Familienangehöriger bietet keine Veranlassung, von einer »nivellierten Gesellschaft« zu sprechen.
Dazu kommt schließlich, daß trotz aller familienpolitischen Maßnahmen der Status der kinderreichen Familien, d. h. der Familien mit drei und mehr Kindern, merklich absinkt, wobei bei niedrigen Einkommen der Abfall stärker zu spüren ist.
Doch nicht nur nominelle Einkommenshöhe und Familiengröße bewirken in unserer Gesellschaft soziale Differenzierungen. Auch die gegenwärtige Qualifikationsstruktur der westdeutschen Bevölkerung legt Schichtunterschiede bloß. 1965 hatten 80 Prozent der Gesamtbevölkerung eine Volksschulbildung, 16 Prozent eine Mittelschulbildung und 4 Prozent das Abitur. Versuchen wir die Angehörigen bestimmter Berufe nach ihrer Schulbildung zu gruppieren, so ergeben grobe Übersichten, daß Beamte und freiberuflich Tätige die höchste Schulbildung aufweisen können. Von ihnen hatten 30 Prozent Abitur und weitere 30 Prozent einen Mittelschulabschluß. Danach wiesen von den Angestellten 7 Prozent Abitur und 39 Prozent Mittelschulabschluß sowie von den selbständigen Geschäftsleuten und Handwerkern 5 Prozent Abitur und 22 Prozent Mittelschulabschluß auf.[13] Gerade in Industriegesellschaften wird aber Qualifikation äußerst hoch bewertet. Damit wächst freilich auch ständig die Diskriminierung derjenigen, denen sie vorenthalten bleibt. Wie sehr sich unterschiedliche Qualifikation auf den möglichen Lebensstandard auswirkt, lassen folgende Zahlen deutlich werden:[14]

Durchschnittliches Nettoeinkommen männlicher Haushaltsvorstände in Abhängigkeit von der erreichten Schulbildung in der BRD 1969

Höchste erreichte Schulbildung	Durchschnittl. Nettoeinkommen im Monat (in DM)	Vielfaches des Durchschnittseinkommens der männl. Haushaltsvorstände mit Volksschulabschluß
Universität	1 850	1,94
Abitur	1 580	1,68
Mittlere Reife	1 337	1,41
Volksschule	953	1,0

Die hier sichtbaren Einkommens- und Bildungsunterschiede werden noch unterstrichen durch das wohl gewichtigste Merkmal sozialer Schichtung: den Beruf oder genauer die betriebliche Position. Qualifikation, Einkommen und soziale Einflußmöglichkeit sind in unserer Gesellschaft auf das Engste mit der Vielzahl von Betriebshierarchien verbunden. Fortschreitende wirtschaftliche und administrative Konzentration fördern zudem den Einfluß hierarchischer Strukturen auf die Stabilität sozialer Schichtung. In derartigen stark integrierten, hierarchisch verfaßten Organisationen hat jedes Mitglied seinen weitgehend festgelegten Platz. Kompetenzen kennzeichnen seine Privilegien, Titel sein Prestige. Bei einer Beschreibung der westdeutschen Schichtstruktur muß insbesondere die umfassendste, einheitlichste und historisch am längsten etablierte Hierarchie, die öffentliche Verwaltung, hervorgehoben werden. Im Staatsapparat werden mehr und mehr Menschen von einer betrieblichen Organisation erfaßt, deren Arbeitsbedingungen sich nahezu gradlinig über Jahrhunderte entwickelten, deren herrschende Werte sich in verbindlichen Rechtsnormen niederschlugen und zum Muster auch für politisches Verhalten wurden.

Die verspätete Aufnahme der kapitalistischen Entwicklung im Deutschen Reich – praktisch erst seit Mitte des vorigen Jahrhunderts, intensiv erst seit 1871 – sowie das skizzierte große Gewicht staatlicher und quasi-staatlicher Verwaltung haben dazu geführt, daß eine Darstellung der Klassenlage in der Bundesrepublik, die nur an einer allgemeinen Kapitalismusanalyse orientiert ist, die Wirklichkeit nicht trifft. Angesichts der zurückhängenden empirischen Forschung kann für die Bundesrepublik Deutschland daher unter keinem Aspekt eine befriedigende Schichtanalyse gemacht werden. *Armin Tschoepe*

Anmerkungen zum Anhang

1 Nicht ausführlich dargestellt werden hier die Arbeiten von: *Janowitz*, Morris: Soziale Schichtung und Mobilität in Westdeutschland, in: KZfSS, X (1958), S. 9 f.; *Bolte*, Karl Martin: Sozialer Aufstieg und Abstieg, Stuttgart 1959; *Mayntz*, Renate: Soziale Schichtung und sozialer Wandel in einer Industriegemeinde, Stuttgart 1958; *Eisermann*, Gottfried: Die Struktur der sozialen Klassen in Deutschland, in: KZfSS, XVII (1965), S. 568–583.

2 *Moore*, H., *Kleining*, G.: Das soziale Selbstbild der Gesellschaftsschichten in Deutschland, in: KZfSS, XII (1960), S. 86–119.

3 *Scheuch*, E. K., unter Mitarbeit v. *Daheim*, H.: Sozialprestige und soziale Schichtung, in: *Glass*, D. W., *König*, R. (Hg.): Soziale

Schichtung und soziale Mobilität, Sonderheft 5 der KZfSS, XIII (1961), S. 65–103.

4 *Scheuch*, E. K., op. cit., S. 73.

5 *Bolte*, Karl Martin: Typen sozialer Schichtung in der Bundesrepublik Deutschland, in: Hamburger Jahrbuch für Wirtschafts- und Gesellschaftspolitik, VIII (1963), S. 150–168, und *Bolte*, K. M., *Kappe*, D., *Neidhardt*, F.: Soziale Schichtung, Opladen 1966.

6 *Pross*, Helge: Die soziale Schichtung in der Bundesrepublik, in: Deutsche Rundschau, LXXXIV (1958), S. 916–926.

7 *Dahrendorf*, Ralf: Gesellschaft und Demokratie in Deutschland, München 1965.

8 *Dahrendorf*, Ralf, op. cit. S. 101.

9 *Geiger*, Theodor: Die soziale Schichtung des deutschen Volkes, Stuttgart 1932.

10 *Dahrendorf*, Ralf: Gesellschaft und Demokratie in Deutschland, op. cit., S. 110.

11 *Schelsky*, Helmut: Die Bedeutung des Schichtbegriffs für die Analyse der gegenwärtigen deutschen Gesellschaft, in: ders.: Auf der Suche nach Wirklichkeit, Düsseldorf 1965, S. 331 ff.

12 Zitiert nach: Bundesminister f. innerdeutsche Beziehungen (Hg.): Materialien zum Bericht zur Lage der Nation 1974, S. 432.

13 *Claessens*, D., *Klönne*, A., *Tschoepe*, A.: Sozialkunde der Bundesrepublik Deutschland, Düsseldorf ²1968, S. 341.

14 Zitiert nach: Bundesminister f. innerdeutsche Beziehungen (Hg.): Materialien zum Bericht zur Lage der Nation 1974, S. 438. Quelle: Berechnungen des Seminars für Sozialpolitik an der Universität Frankfurt/Main (SPES-Projekt) auf der Grundlage einer Erhebung des Sparkassen- und Giroverbandes für das Jahr 1969.

Ergänzende Literaturhinweise

Autorenkollektiv: Materialien zur Klassenstruktur der BRD, Teil 1: Theoretische Grundlagen und Kritiken, Berlin 1973.

Enke, Edo: Oberschicht und politisches System der BRD. Soziale Mobilität und Karrieremuster von 800 Inhabern von Spitzenpositionen in der westdeutschen Gesellschaft, Bern/Frankfurt 1974.

Institut für Marxistische Studien und Forschungen: Entwicklung der Sozial- und Klassenstruktur der BRD 1950–1970, Teil I, Frankfurt 1973.

Jaeggi, Urs: Kapital und Arbeit in der Bundesrepublik, Frankfurt 1973.

Kleining, G.: Die Veränderungen der Mobilitätschancen in der BRD, in: Kölner Zeitschrift f. Soziologie und Sozialpsychologie, 23. Jg./1971, H. 4, S. 789–807.

Kleining, G.: Struktur- und Prestigemobilität in der BRD, in: Kölner Zeitschrift f. Soziologie und Sozialpsychologie, 23. Jg./1971, H. 1, S. 1–33.

Mayer, K. U.: Soziale Mobilität und die Wahrnehmung gesellschaftlicher Ungleichheit, in: Zeitschrift für Soziologie, 1. Jg./1972, H. 2, S. 156–176.

Mayer, K. U., u. *Müller,* W.: Trendanalyse und Mobilitätsforschung, in: Kölner Zeitschrift f.Soziologie und Sozialpsychologie, 23. Jg./1971, H. 4, S. 761–788.

Wiehn, E.: Theorien der sozialen Schichtung, München 1968.

REGISTER